지금부터 할 말은 좀 하겠습니다

지금부터
할 말은
좀 하겠습니다

유키 유 지음 | 오민혜 옮김

예의 바르게 한 방 먹이는 법

RHK
알에이치코리아

소소한 반격의 힘

'누가 네 오른편 뺨을 치거든 왼편도 돌려 대라'라는 말이 있습니다. 누군가가 당신을 공격해도 결코 화내지 말고 감싸 안아주기를, 상대의 마음이 풀릴 때까지 해주라는 뜻이죠.

'참을 수 없는 것을 참아야 진정한 인내다'라는 말도 있죠. 도저히 참을 수 없는 것을 이를 악물고 참아내야만 제대로 된 인내라고 할 수 있다는 겁니다.

그런데 이 같은 말들을 실천할 수 있는 사람이 과연 얼마나 될까요? 적어도 저는 못 합니다.

마음에 상처가 되는 악담과 비아냥거림 그리고 질책. 그런 말을 들으면 대다수는 화가 나고 울고 싶어질 거예요. 하지만 어엿한 사회인으로서 그렇게 하기란 쉽지 않죠. 대개 우리가 할 수 있는 일이란 그저 '참는' 것뿐입니다. 다 지난 후에야 그 일을 곱씹으면서 '왜 그때 아무 말도 못 했을까?' 하며 자책하죠. 저도 그런 적이 셀 수 없을 정도로 많습니다.

그런데 이처럼 억울하고 모욕적인 말을 듣고서도 무조건 꾹 참고, 더 나아가 나머지 뺨까지 돌려대는 것이 정말 옳은 자세일까요?

정답은 '아니오'입니다. 이를 증명한 실험 사례가 있었습니다. 연구진은 실험 참가자를 모집해 A, B, C 세 그룹으로 나누었어요. 그리고 이들이 대전 게임을 하게 했지요. 그룹에 따라 다음과 같은 전략을 활용하도록 지시했습니다.

A 그룹 계속 공격만 한다.
B 그룹 아무도 공격하지 않고 참기만 한다.
C 그룹 누가 공격하면 딱 한 번만 반격한다. 그 외에는 먼저
　　　　공격하지 않는다.

이 실험에서 가장 우수한 성적을 거두고 호평을 받은 그룹은 어디였을까요? 바로 C 그룹이었습니다. 그저 참기만 하기보단 한 번 후련하게 반격하는 편이 훨씬 낫다는 뜻이죠. C 그룹 같은 자세를 유지한다면 여러분이 끔찍하게 여기는, 시도 때도 없이 욕하고 비꼬는 상사(위 실험에서는 A)보다 더 좋은 평가를 받을 수 있습니다. 핵심은 '소소한 반격'입니다.

이 책은 어떻게 하면 보다 긍정적인 결과를 가져오는 소소한 반격을 할 수 있는지, 그 방법을 제시합니다. 심리학 이론부터 개인적인 경험까지 빠짐없이 담았으니 머리에 쏙쏙 들어올 겁니다.

말싸움이 벌어졌는데 아무 말도 못 해서 씁쓸했던 기억이 있다면, 누군가의 말 한마디에 억울해서 잠 못 이룬 적이 있다면, 부디 이 책을 끝까지 읽어보길 바랍니다.

유키 유

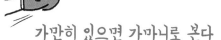

가만히 있으면 가마니로 본다

3장 험난한 공격도 절묘하게 피하는 기술

할 말은 하면서도 좋은 사람으로 남는 법

1장

이대로 당하고만
살 수 없다

내 마음은 황무지

사람이 어떤 행동을 할 때는 다 이유가 있습니다. 아마도 여러분은 자신의 성격을 바꾸고 싶어서 이 책을 집어 들었을 겁니다. 심리 상담을 받기 위해 저를 찾아오는 사람은 이미 결론을 가지고 있습니다. 상담 이론의 기본은 내담자가 무엇을 원하는지 함께 찾아내고, 그것이 행동으로 이어지게 만드는 것이지요. 그러니 이 책의 1장을 읽고 있는 여러분은 이미 해결을 위한 첫 단계를 넘어선 것이나 다름없습니다.

당신이 사람에게 늘 당하면서도 꾹 참는 데는 다음과 같은 여러 사정이 있을 겁니다.

'원래 소심해서 남한테 싫은 소리를 못 한다'
'말재주가 없어서 대꾸해봐야 어차피 진다'
'괜히 잘못 받아쳤다가 사이가 틀어질까 걱정된다'

바꿔 말하면, 상대가 말솜씨가 좋거나 사이가 틀어지는 것을 두려워하지 않아도 될 만큼 우월한 입장에 있는 '강자'라는 거겠지요. 여러분도 이와 같은 권력 관계를 이미 인지하고 있을 겁니다. 그래서 지금껏 아무 탈 없이 원만하고 안전하게, 악담을 들어도 대꾸하지 않고, 상대가 근거 없이 헐뜯거나 빈정거려도 무시하는 선택을 반복해왔겠죠.

물론 그것도 하나의 방법이긴 합니다. 반박하지 않고 꾹 참고 넘기면, 겉으로 보기에는 불화 없이 원만한 인간관계를 유지할 수 있으니까요. 하지만 여러분 마음속은 어떤가요? 아무 불만 없이 평온한가요? 절대 그렇지 않을 겁니다.

무리한 요구를 하는 거래처, 자기 뜻대로 안 되면 화부터

내는 상사, 불평을 입에 달고 살면서 전혀 도움이 안 되는 후배…… '가만히 있으니까 내가 가마니로 보이나?' 하면서 욱한 적이 얼마나 많은지. '그런 인간관계를 계속 유지해야 한다니 정말 끔찍해!' 하며 이 책을 집어 들지 않았나요?

되받아치고 싶지만

자, 이제 본론으로 들어갑시다. 처음부터 상대의 말을 '되받아치는' 행위를 스스로 금지하면, 지금 당신이 가지고 있는 고민은 영원히 해결되지 않습니다. '나는 약자, 상대는 강자'라는 불공정한 구도가 단단하게 자리를 잡기 때문입니다.

인간은 사회생활을 하는 이상 복잡하게 얽힌 인간관계의 굴레 속에서 살아갈 수밖에 없습니다. 상사나 선배, 거래처같이 제도상 명백한 강자만 있는 것도 아닙니다. 회사에서 인기 있는 사람이나 간부의 지인, 여론몰이를 하는 선임자 등, 아무도 정해주지 않았는데 특수한 자리에서 군림하고 있는 강자들의 압박도 무시할 수 없죠.

아무리 사회생활이 중요하다고 하지만, 그 굴레에 갇혀서 반박 한번 제대로 못 하고 그저 상대가 말하는 대로, 시키는 대로 하는 것은 심리학적으로 결코 바람직한 자세가 아닙니다. 참기만 하는 행동이 오히려 나에게 해를 끼치고, 주위 사람들이 나를 낮게 평가하도록 만드는 빌미를 제공한다는 점을 명심해야 합니다.

그래요, 여러분은 지금껏 엄청난 손해를 본 겁니다! 저는 이 책을 펼친 독자 여러분이 계속 그 상태에 머무르지 않길 바랍니다. '받아치고 싶어! 그런데 말이 안 나와' 하며 뒷걸음 치던 당신이 강한 적수와 당당하게 싸워봤으면 좋겠습니다.

나에게 꼭 맞는 게릴라전

다만, 강한 적수와 싸우려면 정면으로 부딪혀서는 안 됩니다. 적이 만신창이가 될 때까지 때릴 필요도 없습니다. 평생 평화를 사랑해왔고 싸움에 익숙하지도 않은 여러분이 갑자기 강자와 대등하게 맞서기란 불가능합니다. 전세가 지극히 불리하죠. 그럼 어떻게 해야 할까요?

어떤 사람에게든 강한 부분과 약한 부분이 있습니다. 아무

약간의 빈틈을 노린다.

리 강적이라고 해도 24시간 강한 부분만 드러내고 있을 순 없죠. 그런 상대의 약점을 노려서 교란해야 합니다.

- '슬그머니, 재빠르게, 살짝' 빈틈을 파고드는 소소한 반격.
- '살살' 구슬려서 작은 타격을 입히는 심리전.
- 나의 위험 부담을 최소화하면서 상대의 공격을 무기력하게 만드는 '게릴라' 전술.

이것이야말로, 약자가 강자를 이기는 현명한 방법입니다. 그 심리 기법을 꼭 익히길 바랍니다.

이 책에서 제가 알려드릴 반격술을 빠짐없이 실천해서, 고민으로 찌푸린 여러분의 일상이 조금이라도 환해진다면 정말 기쁠 것 같습니다.

착한 사람이
손해 보는 까닭

저항하지 않을 때 일어나는 일

다른 사람이 악담을 퍼붓거나 비아냥거리고 중상모략을 할 때 여러분은 어떻게 대응하나요? 부딪히기 싫어서 계속 흘려듣거나 무시하고 있진 않나요? 속으로는 무척 불쾌한데 따지지도 않고, 속상한 기색을 애써 감추며 '좋은 사람'이 되기 위해 노력하고 있진 않나요?

그럴 때 아무 대꾸도 하지 않고 좋은 사람인 척 연기를 하면 반드시 손해를 봅니다. 저항하지 않고 가만히 있으면, 주위에서 당신을 가까이하기 싫은 매력 없는 사람으로 여기기 쉽습니다. 여러분에게 아무 잘못이 없다고 해도 마찬가지입니다. 오히려 아무 잘못도 없을 때 더 매력이 떨어지죠. 왜 그런지 실험을 통해 살펴볼까요?

무저항 무매력

연구진은 대학생들을 실험 참가자로 모집해 전기 충격을 받으며 고통스러워하는 사람의 영상을 보여주었습니다. 이후 연구진은 참가자들을 A, B, C 세 그룹으로 나눈 뒤, 화면에 등장한 사람이 전기 충격을 받게 된 이유를 다음과 같이 다르게 설명했습니다.

- A "실제로는 전기 충격이 없었는데, 고통스러운 듯 연기한 겁니다."
- B (아무 설명 없이, 그저 그가 부당하게 전기 충격을 받고 있는 것이라 믿게 한다).
- C "저 사람은 전기 충격을 당하는 대신 30달러를 받습니다."

즉 화면 속 남자가 전기 충격을 받는 이유를 A 그룹에는 연기, C 그룹에는 돈 때문이라고 설명하고, B 그룹에는 아무 말도 하지 않은 거죠. 그다음 전체 그룹에 '전기 충격을 받는 사람이 얼마나 매력 있어 보이는지' 물었습니다. 그러자, 놀라운 결과가 나왔습니다.

엎친 데 덮친 남자

화면 속의 남자가 아무 이유 없이 전기 충격을 받고 있는 것이라 믿은 B 그룹이 그 남자를 일반적인 평균치보다 '매력이 없다'고 평가한 겁니다. 반면, 이 남자가 연기하는 것이라는 설명을 들은 A 그룹, 돈 때문에 전기 충격을 받고 있다는 설명을 들은 C 그룹은 화면 속 남자를 일반적인 평균치보다 '매력이 있다'고 느꼈습니다.

믿어지나요? 억울하고 불행해 보이는 사람일수록 매력이 없어 보인다니! 그야말로 엎친 데 덮친 격이죠. 어째서 이런 결과가 나왔을까요?

불행한 데는 이유가 있다?

인간은 누구나 '나만 아니면 돼. 나라도 재난에서 무사히 도망치면 돼'와 같은 마음을 가지고 있습니다. 이는 미국 심리학자 에이브러햄 H. 매슬로Abraham H. Maslow가 말한 욕구 5단계 중에 식욕과 수면욕 다음을 차지할 정도로 비중이 높은 기본 욕구입니다.

안전하고자 하는 욕구가 먼저 충족되어야 비로소 그 위에 있는 '다른 사람과 함께 있고 싶다', '존중받고 싶다' 같은 욕구도 채우고 싶은 마음이 드는 겁니다. 이처럼 안전을 추구하는 욕구는 기본 중의 기본입니다.

전기 충격을 비롯한 수많은 불행은 인간에게 상당한 공포로 다가옵니다. 실제로 아무 잘못도 없이 그런 불행을 당하고 있는 사람이, 지금 당신 눈앞에 있다면 어떨까요?

그 장면을 본 사람은 '저 사람은 무언가 능력이 없거나 잘못이 있어서 저런 불행을 만난 거야'라고 생각합니다. 상황에 맞는 이유를 찾아내 정당화함으로써 '나만 아니면 돼' 하고 스스로를 다독이는 것이죠.

매슬로의 욕구 5단계

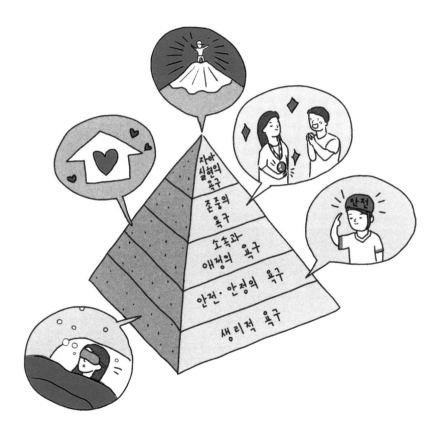

연기를 하는 것이라거나 돈을 받고 전기 충격을 받은 사람의 경우 이미 당사자가 수긍한 이유가 있기 때문에 다른 사람으로부터 능력이 없다고 해석될 여지가 없습니다. 그래서 오히려 보통 사람보다 매력적이라는 평가를 받았죠. 연기 혹은 돈 때문이라는 당사자의 적극적인 자세가 높은 평가를 이끌어낸 셈입니다.

나를 지키는 용기

따라서 다른 사람이 당신에게 심한 말을 퍼붓고 비난할 때 아무 대응도 하지 않는 자세는 바람직하지 않습니다.

험한 말을 듣고도 가만히 있는 사람을 보면, 주위 사람들은 제일 먼저 '나는 저런 말을 듣지 말아야지' 하는 생각부터 합니다. 그리고 나서는 '저 사람은 어딘가 모자라니까 저렇게 험한 말을 듣는 거야. 나랑은 달라' 하고 생각을 발전시키죠. 즉, '저 사람은 험한 말을 듣는 것이 마땅해'라는 시선이 정당해지는 겁니다.

다른 사람으로부터 그런 취급을 받고 싶은 사람은 없겠죠.

저도 마찬가지입니다. 결론적으로, 좋은 사람인 척 계속 연기하는 것은 장점으로 인정받지 못합니다. 그러니 부당하게 취급받지 않고 행복하게 살아가고 싶다면, 어느 정도 저항할 필요가 있습니다.

위험 부담을
최소화하는 반격법

배려가 오히려 독이 될 때

앞에서 부당한 말을 듣고도 저항하지 않으면 얼마나 손해인지 살펴봤습니다. 어쩌면 여러분은 이미 그런 손해를 어렴풋하게나마 눈치채고 있었을 겁니다. 그런데도 왜 여태껏 고치지 못했을까요?

말을 되받아치면 인간관계에 금이 갈지도 모른다는 두려움 때문이었겠죠. 물론 틀린 말도 아니고요.

새삼스럽지만, 사람이 살아가면서 예의를 갖춰 타인을 대하고 배려하는 태도는 정말 중요합니다. 어릴 때부터 귀에 못이 박히도록 들었던 말이죠. 주위 사람들을 기분 좋게 하면 그 긍정적인 결과가 나에게 되돌아온다는 것을 인간관계의 기본으로 숙지했습니다. 내가 타인에게 안겨준 행복의 총량이 곧 내가 누릴 행복의 양이라고 말이죠.

이 말이 틀렸다는 건 아닙니다. 모두가 서로를 배려하는 모습이 가장 바람직하죠. 바로 그러한 이유로 당신은 어떤 상황에서든 되도록 너그럽고 예의 바르게 기본을 지키려고 애썼을 겁니다. 그러다 갈등을 겪게 된 겁니다.

불공정한 관계 허물기

하지만 이 세상에는 꼭 악의가 있는 건 아니라 해도 '스스로 자신감이 없어서' 결과적으로 타인에게 상처 주는 말과 행동을 반복하는 사람이 있습니다.

부하 관리에 서툰 상사, 일 때문에 궁지에 몰린 선배, 자기가 맡은 일 하나 처리하는 데도 벅찬 동료……. 떠오르는 사람이 여럿 있지 않나요?

그런 사람들은 자신도 모르게 주위 사람들을 공격하고 또 공격합니다. 가만히 놔두면 사태가 점점 나빠지죠. 우리는 그런 사람들로부터 스스로를 지켜야 합니다. 어느 정도 반격을 해야 하고, 상대에게만 유리한 인간관계를 허물어뜨릴 수 있는 전술도 구사해야 합니다.

상대와 똑같은 사람이 되라는 뜻은 아닙니다. 목적이 나 자신을 지키기 위해서라고 해도, 무엇이든 용서가 되는 건 아니니까요.

저는 우리 자신이 악랄한 사람이 되어 타인에게 생채기를 내는 방법을 추천하지 않습니다. 내가 당하고 싶지 않은 일은 남에게도 하지 않는 것이 기본이니까요. 설사 반격에 나선다 해도, 추후 그 사람과의 사이에 응어리가 남을 가능성도 생각해봐야 합니다. 진흙탕 싸움으로 발전하거나 기나긴 냉전 상태에 돌입하게 되면 빠져나오는 데 엄청난 노력이 필요하기 때문입니다.

그렇다면 어떻게 해야 가장 확실하게 행복해질 수 있을까요? 상대의 입장을 어디까지 존중해주고, 어떤 시점에서 나를 위해 싸워야 할까요? 지금부터 위험 부담도 최소한, 노력도 최소한으로 줄이는 올바른 반격 자세를 살펴보겠습니다.

죄수 딜레마 게임

혹시 '죄수 딜레마 게임'이라고 들어보셨나요? 자, 상상해 보세요. 당신은 한 친구와 함께 완전 범죄를 저질렀습니다. 이름하여 '완전 밀실 타마짱 유괴 사건.' 아무도 모르게 바다 표범 타마짱을 포획한 대담무쌍한 범죄였죠. 정교한 계획에 따라 완벽하게 일을 처리한 덕에, 여러분은 단숨에 타마짱을 집까지 데려왔습니다.

하지만 '이상한 울음소리가 난다'며 방에 들어온 모친(56세)에게 들켜, 사건은 만천하에 드러나고 말았습니다. 당신과 친구는 경찰에 체포되었습니다.

그런데 문제가 생겼습니다. 타마짱을 포획한 수법이 너무나 정교한 나머지, 경찰이 증거 불충분으로 사건을 완전히 입증하지 못한 것이죠. 결국, 자백이 사건을 해결하는 중요한 열쇠로 떠올랐습니다. 당신과 친구는 각자 다른 방에서 취조를 받았고, 당신은 묵비권을 행사했죠. 그때, 형사가 이렇게 말했습니다.

"곱게 자백하는 것이 좋을 거야. 순순히 자백하면 감방살이 기간을 줄여줄 수도 있어."
"네……?"

그야말로 악마의 속삭임이죠? 대체 형사는 무슨 생각으로 저런 말을 한 걸까요?

배신과 신뢰의 기로

형사는 다음과 같은 조건을 제시했습니다.

- 둘 다 자백하지 않으면, 입증이 불투명하므로 둘 다 징역 3년
- 둘 다 자백하면, 확실하게 입증 가능하므로 둘 다 징역 5년
- 한 사람만 자백하면, 확실하게 입증 가능하므로 자백한 사람은 형을 줄여 징역 1년, 자백하지 않은 사람은 징역 6년

당신과 친구는 서로 의논할 수 없습니다. 그리고 당신의 마음은 흔들리기 시작했죠. 이런 상황을 '죄수 딜레마 게임'이라고 합니다. 여러분이라면 어떻게 하시겠습니까?

먼저 친구가 자백했을 때와 자백하지 않았을 때, 당신의 형기가 어떻게 달라지는지 정리해보겠습니다.

〈친구가 자백했을 때〉
- 당신이 자백하면 → 징역 5년
- 당신이 자백하지 않으면 → 징역 6년

〈친구가 자백하지 않았을 때〉
- 당신이 자백하면 → 징역 1년
- 당신이 자백하지 않으면 → 징역 3년

이렇게 정리하고 보니, 한 가지 사실이 눈에 띄죠? 친구가 자백을 하든 하지 않든, 무조건 당신이 자백하는 편이 이득이라는 사실입니다. 달리 말하면 어떤 상황에서도 타인을 헐뜯는 편이 이득이며, 오히려 선수를 쳐서 험담을 해야 상대의 대응이 늦어지는 시간만큼 유리해지는 것이죠.

반복되는 죄수 토너먼트

당연한 말이지만 이 법칙이 언제나 들어맞는 것은 아닙니다. 특히 그 사람과 관계를 계속 유지해야 하는 경우라면 결코 완벽한 해답이 아니죠. 그런데 만약 이 죄수 딜레마 게임을 여러 번 반복한다면 어떻게 될까요?

당신이 감옥살이를 마친 후에 지치지도 않고 다시 그 친구와 함께 완전 범죄를 저지르고, 또 붙잡히고 하는 과정을 계속 반복한다면 무슨 일이 벌어질까요?

물론 그때까지 타마짱이 살아있을지는 모르겠지만, 일단 이야기가 조금 복잡해집니다. 한번 배신하고 나면 당연히 상대도 경계할 테고, 그렇게 두 사람이 번갈아가며 서로를 배신하고 또 배신하는 일이 벌어질지도 모르죠. 그렇게 되면, '언제나 맨 처음에 배신하면 된다'는 전략이 전혀 통하지 않습니다.

실은 예전에 그러한 상황을 타개하는 최고의 전략이 무엇인지 가려내는 대회가 열린 적이 있습니다. 물론 전 세계의 범죄자를 모아 진짜 생존 게임을 벌인 것은 아닙니다. 주최

자가 전 세계 학자들을 상대로 '당신이 생각하는 최고의 전략은?'이란 질문을 던졌고, 제출된 전략 중에 몇 가지를 선별해 서로 맞붙게 한 것이죠.

세계가 인정한 최고의 전략은?

그렇게 맞붙은 결과, 드디어 최고의 전략이 가려졌습니다. 그것은 바로 '팃 포 탯Tit for Tat' 전략이었죠. 팃과 탯 모두 '가볍게 때리다'라는 뜻이니, 풀어 쓰자면 '치면 때려라' 정도가 될 것 같아요. 더 익숙한 말로 표현하면 '맞대응(앙갚음)' 전략입니다. 내가 먼저 배신하지는 않겠지만, 네가 배신하면 나도 한 번은 되갚아주겠다는 뜻이죠.

팃 포 탯 전략은 그러한 과정을 계속 반복하는 방법으로, 가장 피해가 적었습니다. 우리가 아는 만화 속 캐릭터로 보자면, 의뢰 내용을 절대 입 밖으로 꺼내지 않지만 의뢰인이 배신했을 때는 가차 없이 보복하는 '고르고 13(동명의 일본 만화의 주인공으로, 명석한 두뇌와 냉철함을 겸비한 청부살인업자 – 옮긴이)'을 연상하게 합니다.

보복은 딱 한 번만

틋 포 탯 전략에 따르면, 앞으로 오랫동안 관계를 유지해야 하는 사람이 여러분에게 아무 짓도 하지 않았다면, 여러분 또한 아무 짓도 하지 말아야 합니다.

반대로 그 사람이 여러분에게 악담을 퍼부었다면, 여러분도 한 번은 갚아주세요. 대신 절대 한 번 이상은 안 됩니다. 이것이 위험 부담이 가장 작은 반격술의 기본 법칙입니다.

꼭 명심하세요.

당신이 옳아도
말싸움은 못 이긴다

말싸움에서 승패를 좌우하는 것

누군가와 말싸움을 하다가 패배했던 기억을 떠올려보세요. 지금 생각해도 마음이 쓰리죠? 그런데 혹시 이런 결론을 내리진 않았나요?

'관련 지식이 모자라서 졌어.'
'설득력 있게 설명하지 못해서 졌어.'

하지만 당신이 패배한 진짜 원인은 그게 아닙니다. 말싸움에서 이기는 사람과 지는 사람, 그 두 사람의 차이는 사실 더 단순한 것에서 벌어집니다.

1995년 미국의 심리학자 글렌 리틀페이지Glenn Littlepage 교수 연구진이 재미있는 실험을 했습니다. 실험 참가자 166명에게 "사막에서 살아남으려면 무엇이 가장 필요할까?"라는 질문을 던진 후, 다섯 명씩 그룹을 지어 토론하게 한 것이죠.

토론이 시작되자 물과 먹을거리, 도구 등 여러 의견이 나왔습니다. 사실 '사막에서 살아남기'라는 주제 자체는 별로 중요하지 않습니다. 핵심은 지금부터입니다.

다섯 명이 모이면, 다섯 가지 의견이 나올 수 있습니다. 하지만 토론을 거치면서 의견은 대개 하나로 좁혀지죠. 바로 그럴 때, 어떤 사람의 의견이 가장 잘 통했을까요?

말발보다 강력한 말수

답은 간단합니다. '말을 가장 많이 하는 사람'의 의견이 가장 잘 통했죠. 대개는 대단한 지식이나 근거를 바탕으로 한 의견이 아니었습니다. 어려운 이론을 들이댈 필요도 없이, 발언을 가장 많이 한 사람이 의견을 선도했습니다.

말의 양과 지식의 양

리틀페이지 교수는 그 이유가 무엇인지 분석했습니다. 재미있게도 사람들은 대개 말을 많이 하는 사람을 지식이 풍부하다고 여기는데, 그렇다 보니 이런 상황에서도 '그러면 많이 아는 사람의 말이 맞겠지' 하고 믿는다는 겁니다.

말을 많이 하는 사람이 반드시 지식이 풍부한 것은 아닌데도, 우리는 그런 사람의 의견에 끌려다닙니다. 다시 한 번 말씀드리죠. 무조건 많이, 길게 말하는 사람이 이깁니다.

물론 보다 설득력 있는 이야기를 하면, 상대도 말문이 막혀서 자연스럽게 발언의 양이 줄어들겠죠. 그래서 설득력을 더 갖춘 사람이 이길 가능성도 있습니다. 하지만 대부분의 경우 비록 설득력이 부족한 의견일지라도 무조건 많이 말하는 사람이 이깁니다.

그러니 말싸움에서 지더라도 '난 어려운 내용은 잘 몰라. 별로 머리가 좋지도 않잖아' 하면서 우울해할 필요가 없습니다. 말싸움은 결국, 내 말수를 늘리고 상대의 말수를 줄이면 이길 수 있는 게임입니다.

무척 쉽죠?

말 많은 사람이 금메달

사람들은 종종 '침묵은 금金'이라며 과묵함을 최고의 전략으로 꼽곤 합니다. 하지만 이 속담의 원문에는 그 앞에 '때로는'이라는 단어가 붙어 있다는 사실을 알고 있나요?

그러니 대부분의 상황에서는 '다변이 금'입니다. 무작정 침묵을 지키기보다는 입을 열어서 맞대응할 필요가 있습니다. 달변이 아니어도, 근거가 빈약해도 괜찮습니다. 술술 말을 쏟아내는 상대의 기세를 꺾고 리듬을 흐트러뜨리면, 단숨에 전세가 달라집니다.

말싸움을 국가 간 전쟁에 비유한다면, 말수는 무기의 차이입니다. 강국을 상대로 싸울 때 그대로 항복을 선언하지 않고 게릴라전을 펼칠 거라면, 상대가 무기를 못 쓰게 하거나 상대를 무력화하는 전술이 필요합니다.

그럼 지금부터 어떤 전술이 있는지 자세히 살펴볼까요?

2장

무례한 상대로부터
내 마음을 지키는 법

상대는
당신의 반응을 원한다

공격당하지 않는 수비

이번 장에서는 상대의 기선 제압을 차단하고 혹여 공격을 당하더라도 동요하지 않을 수 있는, 기본적인 마음가짐과 대처 방법을 살펴보겠습니다.

누군가로부터 공격을 당했다고 합시다. 그 순간, 절대로 내가 동요하고 있다는 사실을 상대에게 들켜서는 안 됩니다. 상대가 공격하는 것은 바로 여러분의 그런 반응을 보고 싶어서이기 때문이죠.

반응은 공격의 원동력

1992년 심리학자 리처드 카제브Richard Katzev와 헨리 미시마Henry R. Mishima 연구진이 한 가지 실험을 했습니다. 그들은 어느 대학교 근처에 폐지 재활용 코너를 만들었죠. 단순한 재활용 코너였기 때문에 폐지를 많이 가져간다고 해서 화장지로 바꿔주는 식의 혜택은 없었습니다. 그러니 특별한 일이 없다면 굳이 학생들이나 주변 이웃이 학교에까지 폐지를 가져갈 이유가 없었죠.

실제 하루 폐지 수거량은 평균 8.57파운드였습니다. 1파운드가 대략 0.5킬로그램이니, 4킬로그램이 조금 넘는 양이 모이는 셈이었죠. 그리 많지 않은 양입니다. 그런데 지금부터가 중요합니다.

연구진이 재활용 코너 앞에 간판을 내걸어, '어제 수거량은 ○○파운드였습니다' 하고 전날 폐지 수거량 결과를 기록하기 시작한 겁니다. 그러자 다음날 수거량에 변화가 생기기 시작했습니다. 평균의 약 2배가 넘는 15파운드까지 늘어난 것이죠. 그렇게 일주일이 지난 후 간판을 없앴습니다. 그러자 수거량이 12.7파운드까지 떨어졌습니다.

이 실험에서 도출할 수 있는 결론은 한 가지. 자기 행동이 어떤 결과를 가져오는지 확실하게 보일 때, 사람의 마음이 움직인다는 겁니다.

그래서 피드백이 중요하다

결과가 보일 때 인간의 의욕은 솟구칩니다. 다들 경험한 적 있을 겁니다. 내가 큰맘 먹고 어떤 행동을 했는데 아무 반응도 없으면 의욕이 조금씩 사그라지지만, 반대로 내 행동에 따라 어떤 형태로든 변화가 생기면 '좋았어, 좀 더 해보자!' 하고 마음먹게 되는 것이죠.

이처럼 어떤 행동으로 인해 생겨난 결과를 행동한 사람이 알기 쉽게 제시하고, 그에 따라 행동이 달라지게 만드는 과정을 '피드백Feedback'이라고 합니다.

모금 캠페인에서 '여러분의 온정으로 ○○원이 모금되었습니다' 하고 표시된 전광판을 본 적이 있나요? 그것도 일종의 피드백입니다. 이 같은 문구가 사기를 북돋고 '조금 더 보태볼까?' 하는 마음이 들게 만들기 때문입니다.

그런데 생각해볼 게 또 있습니다. 자신이 하는 행동을 상대가 싫어한다는 사실을 알아챘을 때 역시, '좋았어, 좀 더 해보자!' 하는 마음이 든다는 겁니다. 어린 남학생이 좋아하는 여학생을 괴롭히는 것도 그 예가 될 수 있죠.

여학생이 싫어하는데도 계속 괴롭히는 이유가 뭘까요? 바로 당하는 사람이 '싫어한다'라는 부정적인 스트로크Stroke(어떤 행위에 따른 반응)를 계속 주기 때문입니다. 전날 수거량이 기록된 간판을 내걸자 모두가 폐지 수거에 힘을 보탰듯이, 인간은 일단 반응이 있으면 적극적으로 행동합니다.

한마디로 내가 반응을 보이면, 상대는 계속 공격하고 싶어지는 것이죠. 그러니 여러분이 싫어한다는 기색을 상대에게 절대 보이면 안 됩니다.

공격을 없었던 일로

우리를 공격하는 사람은 우리가 어떤 반응을 보일 때 가장 좋아할까요? 고개를 푹 숙이거나 재빨리 자리를 뜨는 등 마음의 동요를 드러내는 경우, 이상하게 말의 속도가 빨라지거나 상대의 요구에 맞추기 위해 사무실을 이리저리 뛰어다니며 마음의 동요에 박차를 가하는 경우입니다.

이와 같은 행동은 꼭 피하길 바랍니다. 내가 상대의 언행에 상처받고 허둥대는 모습을 보일수록 상대가 느끼는 기쁨이 더욱 커진다는 걸 기억하세요.

그럴 때는 우선 겉으로는 침착해 보이도록 연기해야 합니다. 상대가 기세등등해지지 않도록, 순간적으로 침착한 태도를 연출하는 것이 우선입니다.

일단 그 자리에서 심호흡을 해보세요. 단순하긴 하지만, 아무 도구도 없이 몇 초 만에 안정을 되찾는 데는 그만한 방법이 없습니다. 그리고 기분이 조금 안정되었다 싶으면 등을 쭉 펴고 당당하게 시선을 살짝 높이 드세요.

말도 몸짓도 천천히, 서두를 필요가 없습니다. 내가 차분하게 반응할수록 상대는 실망합니다. '뭐야, 시시하게'라고 느끼면 승리는 당신의 것. 그러니 공격당했다고 느낀 순간, 심호흡부터 하세요.

'난 왜 이럴까?' 하고 끙끙댈 시간이 없습니다. 마음이 아니라 몸부터 움직이세요. '지금이구나!' 싶은 순간에 침착한 태도를 보여서, 상대의 공격을 없었던 일로 만들어야 합니다.

그건
당신 생각이잖요

왜 동요할까?

여러분을 우습게 보며 서슴없이 막말을 내뱉는 상대가 우쭐대지 못하게 하려면, 당신이 동요하는 모습을 그에게 들키지 않는 것이 핵심입니다. 그런데 이를 알면서도 왜 사람은 상대의 악담에 쉽게 흔들리는 걸까요?

누군가로부터 불쾌한 말을 들었을 때 우리가 동요하게 되는 가장 큰 이유는, 상대가 퍼부은 비난과 악담의 내용을 사실로 받아들이기 때문입니다.

절대 그러고 싶지 않았겠지만, 마음 한편에서 상대가 한 말이 진짜인 것 같아 흔들리고 상처를 받아, 결국 그 사람의 뜻대로 움직이게 되는 악순환. 당신도 여기에 빠져 있지 않나요?

술수에 넘어가지 말 것

이와 같은 악순환에서 빠져나오는 방법은 단 하나. 지금부터라도 상대의 말을 곧이곧대로 받아들이지 않는 것입니다.

누가 어떤 공격을 해도 흔들리지 않게 내 마음을 단단히 지켜야 합니다. 그러려면 상대와 나 사이에 마음의 거리를 두는 것이 우선되어야 합니다. 부당하게 공격하는 말을 순순히 들어줘서는 안 됩니다.

그런 뒤에, 앞서 말했던 것처럼 말싸움이 벌어지면 어디까지나 말수가 많은 사람이 이긴다는 사실을 떠올리세요. 반격을 할 때도 어차피 누구의 말이 옳은지는 별로 중요하지 않습니다. 무슨 말을 하든 '그건 당신 생각이잖아?' 하면서 흘려 들으세요.

갑작스러운 인터뷰

조금 뜬금없긴 하지만, 재미있는 심리 실험을 하나 살펴보겠습니다. 한 인터뷰어가 마트에 가서, 장을 보고 나오는 사람들에게 "여기서 장보는 거 좋아하세요?" 하고 물었습니다. 그러자 사람들은 다양하게 대답했지요.

"좋아해요."

"여긴 채소가 신선해서 괜찮아요!"

"'물고기 천국(일본 어업 협동조합에서 만든, 생선을 많이 먹고 건강해지는 내용의 캠페인 송)' 같은 음악만 틀어줘서 별로예요."

그런데 사람들의 답변이 어느 정도 끝났을 무렵, 인터뷰어가 재빠르게 물었습니다.

"그래요? 실은 방금 해주신 말씀을 마트 광고에 쓰고 싶은데, 괜찮으시면 여기에 사인해주시겠어요?"

자, 이럴 때 여러분이라면 무엇이라고 대답하겠습니까?

다른 사람도 나와 똑같겠지

'광고에 써도 괜찮으면 사인해달라'는 요청을 했을 때, 약 3분의 2인 66%의 사람들은 흔쾌히 사인을 했습니다. 그리고 3분의 1인 34%는 거절했죠.

이 실험의 핵심은 지금부터입니다. 인터뷰어는 틈을 주지 않고 물었습니다. "다른 사람들 중에 몇 %가 고객님처럼 사인했을 거라고(혹은 사인하지 않았을 거라고) 생각하세요?"

그러자 사인한 사람들 중 75%는 "다들 나처럼 사인했을 것이다", 사인을 거부한 사람들 중 57%는 "다들 나처럼 사인하지 않았을 것이다"라고 대답했습니다. 특히 사인하지 않은 사람은 전체의 34%에 불과했는데도 절반이 넘는 사람이 "다들 나처럼 사인하지 않았을 것이다"라고 대답했죠.

사인을 했든 안 했든, 사람들은 자신과 똑같이 행동하는 사람을 실제보다 더 많게 추정한 겁니다. 이처럼 대다수가 나와 의견이 같거나 같은 행동을 하리라고 믿는 현상을 가리켜 '허위 합의 효과 False Consensus Effect'라고 합니다.

참고로, 저라면 '광고 사용에 동의한다'는 말 옆에 '노예가
되는 것에도 동의한다'라는 말이 조그맣게 적혀 있을까 봐
사인하지 않았을 것 같습니다. 저처럼 생각하는 사람이 대부
분 아닌가요?

이것이 바로 허위 합의 효과입니다.

내가 옳다는 잘못된 확신

잘 생각해보면 여러분도 비슷한 경험을 해봤을 겁니다. 과
거 TV 프로그램이 끝날 때쯤 나오던 '시청자 폭소 비디오'를
떠올려보세요. 아이가 넘어지거나 케이크에 얼굴을 박는 모
습이 단골로 등장했죠. 다른 사람이 보기에는 '어머, 다치지
않았을까?' 싶은 내용인데도, 그들 부모는 '다른 사람이 보면
엄청 귀여워하겠지?' 하며 영상을 보낸 겁니다.

불량한 친구들과 어울리며 친구를 괴롭히는 학생에게 "지
금 네가 하는 일이 옳다고 생각해?"라고 물으면 아마 "다들
하는데 뭐", "그러고도 죄책감 안 느끼는 애들이 얼마나 많은
데"라고 대답할 겁니다.

이 역시 허위 합의 효과입니다. 내 주위 사람들도 나와 똑같이 생각할 것이라고 믿는 것이지요. 사람은 누구나 내 생각이 옳다고 믿고 싶어 합니다. 그래서 다른 사람도 동의하리라 생각하면 마음이 놓이죠.

저는 초등학교 시절 제가 무척 착하고 순진한 소년이라 믿었습니다. '야한 영화는 딱 질색이야! 불결해!' 하면서요. 그때, 초등학교 담임 선생님이 이렇게 말씀하셨죠.

"남자는 다 엉큼해."

저는 소스라치게 놀랐습니다. 대체 무슨 근거로 그렇게 말하는지 거기에 전혀 동의할 수 없었거든요. 하지만 중학교에 들어간 뒤 친구들과 야한 영화를 보기 시작했을 때, 새삼 그 말을 떠올리며 이렇게 생각했지요.

'아아, 이렇게 순진한 나마저 야한 영화를 즐기게 되다니! 남자는 다 엉큼하다는 말이 맞구나.'

결론이 맞긴 했지만, 지금 돌이켜 보면 '이렇게 순진한 나마저'라는 생각조차 아주 큰 착각이었던 것 같습니다.

근거 없는 해석

이처럼 우리는 '모두 나와 같은 생각을 하고 있다'고 착각하기 쉽습니다. 특히 나와 가까운 위치에 있는 사람을 두고 그렇게 생각하는 경향이 훨씬 두드러지죠.

생판 모르는 타인이라면 몰라도, 직장에서 날마다 함께 생활하는 이들을 두고는 '여기 있는 사람들도 다 그렇게 생각할 거야'라고 믿게 되는 것이죠. 내가 인지하지 못하는 사이 더욱 그렇게 됩니다.

그러니 누군가가 아주 자신만만한 태도로 여러분에 대해 비난 섞인 말을 쏟아낸다고 해도, 그건 그 사람의 생각일 뿐이라는 걸 기억하세요. 다른 사람들 모두가 그렇게 생각할 거라는 '근거 없는 자신감'을 토대로, 그가 내린 주관적인 해석에 지나지 않습니다. 그런 말을 곧이곧대로 들어서 마음을 어지럽힌다면, 너무 어리석은 일이 아닐까요?

단번에 자신감을 끌어올리는 방법

부정적인 생각을 멈추려면

무례한 사람이 내뱉은 악담에 자신감을 잃었다면, 반격을 위해 재빨리 일어서야 합니다.

심리학 용어 중에 '연합의 법칙'이라는 것이 있습니다. 후덥지근한 여름, 사람들을 창문이 하나도 없는 더운 방과 에어컨이 가동되는 시원한 방에 나눠서 머물게 하면 어떻게 될까요? 더운 방에 비해 시원한 방에서 함께 머물던 사람들 사이의 호감도가 올라갑니다.

이처럼 한 가지 요소로 인해 사람의 기분이 달라져, 다른 일 전반에 임하는 태도가 달라지는 현상을 가리켜 '연합의 법칙'이라고 합니다.

사소한 일로 기분이 상했을 때는 무엇을 봐도 흡족하지 않죠. 특히 강한 공포를 느꼈을 때, 사람은 모든 것을 단순하게 생각하는 경향이 있습니다. 그러다 보면 나쁜 기분이 더 나쁜 감정을 불러일으키는 '부정의 무한 반복'에 빠지고 말죠. 한번 그런 상황에 빠지면 다시 회복하기가 무척 어렵습니다.

이럴 땐 과연 어떻게 하면 좋을까요?

내 맘대로 승부, 내 맘대로 승리

방법은 간단합니다.

부정적인 생각의 흐름을 바꾸기 위해 작은 승리를 쟁취하는 겁니다. 지위가 높고 유능한 사람으로부터 싫은 소리를 듣고 있는 장면을 상상해보세요.

'와, 이 사람 엄청 무섭네.'

'높은 사람이겠지?'

이 같은 생각이 들어 상대에게 휘둘릴 것 같다면, 마음을 단단히 고쳐먹어야 합니다. 상대의 뛰어난 면만 보고, 내가 모든 면에서 뒤처질 거라고 미리 단정 지을 필요는 없습니다. 이런 땐 속으로 상대의 약점을 찾아보세요.

'아, 똥배가 나왔네. 허리는 내가 더 날씬해.'
'거만하기는. 겸손한 걸로는 내가 이겼어.'
'머리카락이 듬성듬성하네. 머리숱은 내가 더 많다고.'
'도통 무슨 말인지 못 알아듣겠네! 나는 더 쉽게 설명할 수 있는데.'

그렇게 속으로 생각한 것들로 작은 승리를 쟁취했다면, 그 기세를 몰아 그 사람에 비해 내가 더 나은 점을 계속 찾아보는 겁니다.

'○○은 내가 나아!'
'××은 내가 이겼어!'

내가 더 나은 부분이 있다.

이러한 과정을 3회 정도 반복하면, 내가 상대를 확실하게 눌렀다는 느낌이 듭니다. 별거 아닌 것 같아도 신기하게 기분이 점점 좋아질 겁니다.

상대의 열등한 부분 찾아보기

매력이 넘치는 이성에게 맨 처음 말을 걸 때나 데이트 신청을 할 때도 마찬가지입니다. 상대가 미남이든 미녀이든, 범접하지 못할 만큼 매력적인 사람이든 전혀 기죽을 필요가 없습니다.

'자세가 안 좋네.'
'가까이서 보니 피부가 거칠구나?'
'농담이 너무 썰렁해!'

이렇게 생각하는 것만으로도 마음이 한결 편해질 겁니다. 다만, 모자란 점만 계속 찾다 보면 상대가 진짜 싫어질 수도 있으니 세 개 이상은 찾지 마세요.

저도 연구 자료를 모으기 위해 수많은 심리학자와 정신과 전문의들의 책을 읽었습니다. 읽다 보니, '우와, 이 사람들은 정말 아는 것도 많구나. 나하고는 비교도 안 돼' 하는 생각이 들어서 절망감을 느끼기도 했죠.

하지만 그럴 때도, 다음과 같이 생각하니 기운이 솟았어요.

'내가 더 4차원이야!'
'한심한 건 나를 따라올 사람이 없지!'
'매력적인 사람에게 나만큼 주저하지 않고 천연덕스럽게 말을 걸 수 있겠어?'

저의 사례가 주장을 제대로 뒷받침하는지는 잘 모르겠지만, 어쨌든 기운만 샘솟으면 됩니다. 의심쩍다면, 꼭 따라 해보길 바랍니다.

스몰 스마일 승리법

이번 이야기를 한 줄로 정리하면, '상대에게 기가 눌릴 것 같을 때는 뭐라도 좋으니 작은 승리를 쟁취하라'입니다.

고대 병법서에도 '대군을 처부수려면 약한 부분부터 개별적으로 격파하라'는 말이 있습니다. 위압감이 느껴지는 상대를 만나거나 내가 모든 부분에서 그보다 모자란 것 같아 자존감이 무너질 때, '나와 그의 전부'를 대조하면 안 됩니다.

늘 잘게 쪼개고 쪼개서 '1대 1'로 대조하며 하나씩 격파해나가는 끈기가 필요합니다. 여러분만의 작은 승리를 쟁취하고 활짝 웃어보세요. 이것이 바로 슈퍼 메소드Super Method, '스몰 스마일Small Smile'입니다. 그 작은 미소가 당신의 마음을 한결 편안하게 만들어줄 겁니다.

예의 바르게 한 방 먹이기

모든 일에는 정도가 있다

크든 작든 나에게 잘못이 있다면, 어느 정도 비판을 받는 게 당연합니다. 어쩔 수 없지요. 하지만 도를 넘어선 험담을 듣거나 비방을 당했을 때 그냥 넘어가면 안 됩니다.

'나에게도 잘못이 있으니까 말대꾸하지 말아야지', '괜히 분위기 험악해지니까 되받아치지 말아야지' 하면서 물러나다 보면, 사람들이 당신을 어차피 아무 말도 못 하는 사람이라고 여겨 점점 더 험한 말을 할 수도 있습니다.

사람의 인상을 결정하는 것

1977년 미국의 심리학자 줄리아 스테인메츠[Julia L. Steinmetz] 교수 연구진은 실험 참가자를 세 명씩 묶어서 각각 '사회자', '출연자', '관객' 그룹으로 나눴습니다. 사회자 그룹은 준비된 퀴즈를 내고, 출연자 그룹은 답을 맞혔으며, 관객 그룹은 그 모습을 지켜보게 했지요.

퀴즈가 한 차례 출제된 다음, 연구진은 관객 그룹에게 물었습니다. "사회자와 출연자를 보면서 어떤 인상을 받았습니까?" 그러자 대부분이 "사회자가 출연자보다 머리가 좋고 지식이 풍부해 보인다"라고 대답했지요. 놀라운 점은 출연자 그룹 또한 "사회자가 나보다 능력이 뛰어난 것 같다"고 답했다는 점입니다.

배역은 무작위로 정해졌습니다. 반드시 사회자가 더 똑똑하리라는 보장이 없었죠. 이를 알면서도 사람들은 '사회자는 저렇게 많은 문제의 답을 알고 있으니까 원래 머리가 좋고 아는 것도 많을 거야'라고 생각한 겁니다.

'사회자는 문제를 읽는 사람이니까 많이 알고 있는 것처럼 보일 뿐이야'라고 냉정하게 생각한 사람은 드물었습니다. 한마디로 역할 덕을 봤다는 뜻이죠. 여기서 우리는 어떤 일이 벌어진 결과를 '상황이 아니라 개인 탓으로 돌리는' 인간의 심리를 엿볼 수 있습니다.

일본의 퀴즈 방송을 살펴볼까요? TBS 〈세상의 신기한 발견〉을 진행하는 저널리스트 구사노 히토시는 그 어떤 출연자보다 머리가 좋아 보입니다. 저의 개인적인 생각이지만요. 유일하게 대적할 사람을 꼽자면, 일본 방송계 사상 최초의 토크쇼 〈데츠코의 방〉을 40년 넘게 진행한 구로야나기 데츠코 정도가 아닐까요? 아사히 TV 〈어택 25〉를 진행했던 고다마 기요시도 정말 똑똑해 보입니다.

반면 후지 TV 〈퀴즈 밀리어네어〉를 진행하는 미노 몬타는 그리 스마트하게 보이진 않는데, 왜 그럴까요? 아무래도 정답을 말하기까지 시간을 너무 오래 끌어서인 것 같습니다. 보통 잘 모르는 사람일수록 거드름을 피우곤 하니까요. 퀴즈 방송을 보면서 이런 생각을 하는 사람은 저뿐인가요?

그걸 시킨 사람은 당신이잖아요?

어떤 일의 결과를 개인 탓으로 돌리는 일은 다른 사례에서도 찾아볼 수 있습니다. 1986년 미국의 심리학자 에드워드 존스 Edward E. Jones가 한 실험을 살펴볼까요? 연구진은 실험 참가자들에게 다음과 같이 지시했습니다.

"지금부터 학생들에게 낙태를 옹호하는 논문을 베껴 쓰게 하세요."

그 말에 따라 실험자들은 학생들에게 논문을 베껴 쓰게 했고, 그 후 연구진은 실험 참가자들에게 "원래 학생들은 낙태를 옹호할까요, 반대할까요?"라고 물었습니다. 그러자 대부분이 "학생들은 분명 낙태를 옹호할 것"이라고 대답했죠.

아니, 그렇게 베껴 쓰라고 한 사람은 당신이잖아요? 이렇게 반박하고 싶은 건 저뿐인가요? 참가자들은 자신이 논문을 베껴 쓰게 한 것을 정확히 인지하고 있으면서도, 학생들이 원래 그렇게 생각했을 것이라고 결론 내렸습니다.

저도 똑같은 경험을 한 적이 있습니다. A가 B에게 심부름을 시켰을 때였죠. A는 자신이 심부름을 시킨 이유와 상황을 충분히 알고 있었음에도 이렇게 말했어요, "B는 원래 이런 심부름을 하는 걸 좋아한다구." 아직까지도 그의 목소리가 생생합니다.

이와 비슷한 주제를 다룬 실험은 많습니다. 하지만 어떤 실험이든 결과는 오직 하나입니다. 인간은 누군가가 어떤 일을 강제로 하고 있다는 사실을 인지하고 있다 해도, 그 일의 원인을 그 사람의 탓으로 돌린다는 겁니다.

허용 범위 설정하기

지금까지 살펴봤듯이, 인간은 모든 일을 자기에게 유리한 방향으로 왜곡해서 해석하는 경향이 있습니다. 누군가가 비난 섞인 말을 했을 때 '나한테도 잘못이 있으니까' 하면서 참고만 있거나, 어떻게 된 일인지 제대로 따져보지도 않고 죄송하다며 무조건 고개 숙이면 안 되는 것도 이 때문이죠.

상대가 우쭐거리며 내뱉는 인격 모독이나 비아냥거림, 도가 지나친 비방을 저항 없이 받아들이는 태도는 위험합니다.

나도 모르게 공격을 유도하는 꼴이 될 수도 있기 때문입니다. 그러니 마음속에 '이 이상은 허용할 수 없어' 하고 선을 그어놓으세요. 그다음 상대가 그 선을 넘으면 망설임 없이 반격에 나서야 합니다.

다만 여러분에게 잘못이 있는 게 확실할 때는 너무 노골적으로 되받아치지 않도록 조심해야 합니다. 자칫 주위 사람들이 당신을 경우 없는 사람이라고 오해할 수 있기 때문이죠. 따라서 반격하는 순간에도 차분하게 이야기하고, 이성적으로 반론할 수 있는 수단을 꼭 마련해서 활용하기 바랍니다.

순식간에 설득력이
올라가는 한마디

설득하고 싶다면

'백 마디 말보다 증거가 중요하다'라는 말이 있습니다. 누군가를 제대로 설득하려면 객관적인 근거를 내밀어야 효과가 크다는 이야기죠.

그래서 사람들은 고객에게 물건을 판매할 때나 프레젠테이션 자료 혹은 기획안을 작성할 때, 타인을 설득하는 데 도움이 될 만한 데이터를 모으기 위해 고군분투하곤 합니다. 이런 데이터는 실제로 강력한 무기가 될 수 있습니다.

하지만 내 의견과 근거를 더듬더듬 제시한 뒤 상대의 판단을 무작정 기다리는 것이 다가 아닙니다. 이는 기껏 배낭에 짐을 채워 넣고 지퍼를 채우지 않은 꼴이죠. 딱 한마디, 마지막 결정타가 필요합니다.

근거 더하기 결론

미국에서 한 연구진이 설득에 관한 실험을 진행했습니다. 실험 대상은 '달러를 평가절하(고정환율제도를 채택하고 있는 나라가 자국통화의 대외가치를 인하 조정하는 것 – 옮긴이)하면 안 된다'고 굳게 믿는 사람들이었습니다. 연구진은 실험 참가자들을 A와 B 그룹으로 나눈 다음, 달러를 평가절하해야 한다고 설득했습니다. 대신 그룹에 따라 다른 설득 방법을 활용했죠.

A 그룹에게는 오로지 달러를 평가절하해야 하는 이유와 그에 따른 장점만 설명하고 이야기를 마쳤습니다. 마지막에 "그래서 ○○해야 한다"는 식의 결론을 맺지 않았죠. 이러한 방식을 '암시적 설득'이라고 합니다.

그리고 B 그룹에는 똑같이 달러를 평가절하해야 하는 이유와 그로 인한 장점을 설명하고, 마지막에 "그래서 달러를 평가절하해야 한다"고 한마디를 덧붙였습니다. 이러한 설득 방식을 '명시적 설득'이라고 합니다.

결과가 어땠을까요? 명시적 설득을 당한 B 그룹에서 암시적 설득을 당한 A 그룹보다 2배 이상 많은 사람이 생각을 바꿨습니다. 어떤 사람을 설득할 때, 근거를 제시한 다음 결론을 덧붙이느냐 아니냐에 따라 얼마나 큰 차이가 벌어지는지 알 수 있습니다.

지배당하길 원하는 사람들

1966년 미국의 심리학자 더글라스 맥그리거Douglas M. McGregor 교수가 '인간은 스스로 무언가를 결정하기보다는 타인이 정해주길 바란다'는 수동적 X 이론과 '인간은 스스로 결정하고 싶어 한다'는 능동적 Y 이론을 제창했습니다.

이를 사디즘Sadism(이하 S)과 마조히즘Masochism(이하 M)으로 설명할 수도 있습니다. 수동적 X 이론은 M에 속합니다. 능동적 Y 이론은 S라고 할 수 있죠. 그런데 사실 인간은 두 성향을 모두 가지고 있습니다.

하지만 인간이 내재된 S의 면모를 내세우려면 그 분야에 정통하고 자신감이 넘쳐야 합니다. 그러니 정말 숙달되고 자신 있는 분야가 아닌 이상, Y 이론에 속하는 사람이 되기는 어렵죠. 결국 자신의 생각이나 능력에 불안을 느끼는 대다수는 타인이 이끌어주길 바라는 M의 면모를 드러내게 마련입니다.

인간은 자신의 생각과 대립되는 주장이라고 해도 누군가가 그 주장을 반복해 설득하면 갈피를 잡지 못하고 흔들립니다. 나도 모르는 사이 M이 되는 것이죠. '어떡하지? 정말 어떡해!' 하면서 계속 망설입니다.

그렇게 망설이는 사람을 상대로 A 그룹처럼 '나머지 판단은 알아서 하라'며 암시적으로 설득하면, 대다수는 망설이기만 할 뿐 결국 생각을 바꾸지는 않습니다. 반면, 그들에게 B 그룹처럼 '그래서 ○○해야 한다'라고 결론을 확실하게 제시하면, 그것이 마지막 결정타가 되어 그들도 모르는 사이 설득에 넘어가 생각을 바꾸게 됩니다.

이유 같지 않은 이유

결론을 덧붙이는 명시적 설득 외에도 사람의 생각을 바꿔 원하는 방향으로 이끌 수 있는 방법이 있습니다. 바로 '○○ 하기 때문에'라는 이유를 덧붙이는 겁니다. 이렇게 이유를 말할 때 사람들이 긍정적으로 따른다는 것을 증명한 실험이 있었습니다. 어떤 실험이었는지 간단하게 살펴볼까요?

연구진은 공용 복사기 앞에서 문서를 복사하고 있는 사람에게 다가가서, 다음의 세 가지 방식으로 자신이 먼저 복사하게 해달라는 부탁을 했습니다.

- A "먼저 복사 좀 해도 될까요?" 하고 평범하게 부탁한다.
- B "제가 정말 급해서 그런데, 먼저 복사 좀 해도 될까요?" 하고 이유를 대면서 부탁한다.
- C "제가 복사를 하고 싶은데, 먼저 해도 될까요?" 하고 이유 같지 않은 이유를 대면서 부탁한다.

그 결과, 먼저 복사하라는 허락을 받은 비율에서 차이가 드러났습니다. A의 경우 60%, B는 94%, C 93%로, B와 C는 거의 같았습니다.

뭐라도 좋으니 이유를 대면서 부탁하자.

실험 결과에서 알 수 있듯, 결론을 말하기 전 '○○해서 그러는데(그러니까)'라는 뜻을 내포한 이유를 붙여 원하는 바를 이야기하면 앞에서 이야기한 이유의 내용이 무엇이든 설득에 성공할 확률이 높아집니다.

결론에 이르는 여왕의 채찍

그럼 정리해볼까요?

누군가에게 제안이나 의뢰를 할 때는 '○○하니까 ××'라는 문장을 덧붙이세요. "이 건은 양보하기 힘든데……"에서 멈추지 말고, "그러니까 이번엔 저희 방침에 따라 일을 진행했으면 합니다!"라며 결론을 맺어야 합니다.

'그러니까'는 상대의 마음을 원하는 쪽으로 유도할 수 있는 가장 강력한 말입니다. 말하는 사람이 망설이면, 듣는 사람의 마음도 움직이지 않습니다.

이것이 바로 슈퍼 메소드, '여왕의 채찍!'입니다. 망설이고 불안해하면서 어찌할지 몰라 하는 상대의 마음은 M과 같습니다. 여러분이 S의 면모를 내세워 결정타를 날려주길 누구보다 바라고 있는 겁니다. 그러니 이 순간 단호한 여왕의 채찍으로 상대의 마음을 움직여보세요.

최후의 일격

많은 사람들이 누군가를 설득할 때 어중간하게 자신의 바람을 암시하는 말로 끝을 맺는 이유는 무엇일까요? 이유는 단 하나, 스스로에게 자신이 없기 때문입니다.

'세게 말해봐야 넘어오지 않을 거야. 그냥 억지 부리는 것으로 보면 어떡해?'

상대를 설득하는 데 실패할까 봐 두려워서 결론은 말하지 않고, 일부러 중립적인 태도를 취하면서 상대에게 결정을 미루는 것이죠. 혹시나 상대가 스스로 결정을 내려 내 의견에 따라준다면 그 모습을 보며 자신감을 회복하려는 심산이기도 하고요.

하지만 그렇게 하다 보면 앞서 실험에서 충분히 살펴봤듯 설득에 성공할 확률이 절반으로 낮아집니다. 기억하세요. 내 의견을 말하는 순간만큼은 망설이지 말아야 합니다. 일단 채찍을 쥐었으면 마지막까지 손에서 힘을 빼지 마세요. 최후의 일격을 가해서 내가 준비한 결론에 이를 때까지 상대를 확실하게 몰아붙여야 합니다.

말에 망설임이 묻어 있으면 마음도 채찍도 무겁게 느껴지는 법입니다. 당신의 생각을 다시 한 번 강하게 움켜쥐세요.

3장

험난한 공격도
절묘하게 피하는 기술

앞에서 우리는 부당한 공격을 받았을 때 적절하게 대처하는 방법과 상대의 뜻대로 휘둘리지 않으면서 내 마음을 지키는 방법을 살펴봤습니다. 이번 장에서는 상대의 말에 반론을 제기할 때 알아야 할 기본 법칙을 자세히 짚어보겠습니다.

맞대응이든 반론이든, 중요한 것은 능동적으로 대화를 이어나가는 자세입니다. 1장에서 말했듯 말싸움에서는 내용의 옳고 그름이 아니라, 말수의 많고 적음에 따라 승부가 결정됩니다. 무조건 말을 많이 하는 쪽이 승자가 되는 것이죠.

결국 상대의 기세를 어떻게 누르고, 어떤 타이밍에 치고 나갈 것이냐에 승패가 달려 있다고 해도 과언이 아닙니다. 그리고 이미 여러 심리학 연구를 통해 그 해답이 밝혀졌습니다.
지금부터 내 수고를 조금이라도 줄이면서 상대가 험한 말을 내뱉지 못하게 만드는 방법과 상대가 내 말을 순순히 받아들이게 만드는 방법을 살펴봅시다.

우선, 기억해야 할 중요한 팁은 무조건 천천히 말하라는 겁니다. 인간이라면 누구나 자신도 모르는 사이 상대가 말하는 속도에 자신을 맞추게 됩니다.

어디서 "불이야!"라는 외침이 들렸는데 주위 사람들의 반응이 시큰둥하면, '응? 별일 아닌가?' 하는 생각이 들겠죠? 하지만 사람들이 허둥지둥하며 소리를 지르면, 여러분도 부랴부랴 도망칠 겁니다.

그 반대 역시 마찬가지입니다. 그러니 흥분한 상대의 마음을 누그러뜨리고 싶다면, 우선 나부터 침착해야 합니다. 그쪽 페이스에 휘말리지 말고 차분하게 이야기하세요. 상대가 상기된 상태에서 속사포처럼 말을 쏟아내더라도 침착하게, 천천히 말해야 합니다. 상대의 속도와 크기에 맞춰 똑같이 빠른 말투로 대적하면 그가 더욱 흥분할 테니까요.

선제공격을 받았을 때는 우선 상대가 흥분을 가라앉히도록 유도하는 전술이 효과적입니다. 불에 기름을 들이붓는 격으로 나가면 승산이 없습니다. 말을 주고받으면서 당신에게 드러낸 상대의 날카로운 어금니를 슬그머니 뽑아낸 뒤, 잘 달래서 이야기를 끝마치는 방법이 가장 좋습니다.

차분하게 이야기하면서 반격을 하려면 구체적으로 어떻게 해야 할까요? 영국의 심리학자 리처드 넬슨 존스Richard Nelson-Jones는 비판에 대처하는 방법으로 반사, 분산, 질문, 연기, 피드백까지 다섯 가지 전술을 제시했습니다.

공격을 눈치 챈 순간, 이 다섯 가지 전술을 구사해서 당당하게 맞서보세요. 언제 어느 때나 이 전술로 대적할 수 있다면 승리는 따놓은 당상이죠. 또 나중에 재반격에 나서야 할 때도 훨씬 유리합니다.

그럼 지금부터 각 전술들을 어떻게 활용해야 하는지 자세히 살펴보겠습니다.

예상 못 한 공격엔
반사 전술

깊게 생각하지 말고 일단 받아쳐라

첫 번째는 반사 전술. 상대의 비판을 그대로 요약해서 되돌려주는 방법입니다.

예를 들어, 여러분의 회사에서 제품을 구입한 고객이 찾아와 "당신네 컴퓨터를 샀는데, 쓰자마자 망가졌어! 이거 불량품 아니야? 교환해줘!" 하면서 화를 낸다고 합시다. 이때 "네, 제품이 작동하지 않으니 교환해달라는 말씀이시죠?" 하며 상대의 이야기를 한마디로 정리하는 겁니다.

집에 놀러온 연인이 "자기, 이 기다란 머리카락은 뭐야? 처음 보는 샴푸도 있던데? 대답 좀 해봐! 어제 뭐했어?"라고 묻는다면, "그래, 자기는 내가 바람이라도 피웠다고 생각하는구나?" 하는 식으로 바로 되받아치는 겁니다.

상대의 말 요약하기

이처럼 누군가가 갑자기 일방적으로 선전포고를 하더라도, 그 기세에 눌려서는 안 됩니다. 자세히 따져보지도 않고 그 자리에서 사과를 해버리면 패배를 인정하는 꼴입니다.

그렇다고 주저리주저리 변명하면서 대답을 미루면 기세가 등등해진 상대가 더욱 강력한 공격으로 당신을 몰아붙일 수도 있습니다. 따라서 어떻게 해서든 그 자리에서 바로 대응해야 합니다.

이 전술을 쓰는 데 필요한 능력은 단 한 가지입니다. 상대가 한 이야기를 요약하는 능력이죠. 상대의 말을 정리해서 돌려주기만 하면 그만이니까요. 이 정도면 마음에 약간의 동요가 일어도 할 수 있겠죠?

제발 입 꾹 다물고 가만히 있지만 마세요. 일단 상대가 일방적으로 공격하는 흐름을 끊는 것이 핵심입니다.

공격을 되돌리기

반사 전술을 쓰면, 상대에게 여러 변화가 생깁니다. 우선 상대의 흥분을 어느 정도 가라앉히는 효과가 있습니다. 들은 이야기를 요약해서 다시 말하는 것은 상대의 말을 잘 듣고 있기에 가능한 일입니다. 즉, '일단 당신의 의견을 받아들일게요'라는 호의적인 메시지가 되죠.

그리고 똑같은 말을 되돌려주면 상대가 다음처럼 생각하게 됩니다.

'그래, 난 컴퓨터가 멈춰서 짜증이 난 거야.'
'난 애인이 바람을 피운 것 같아 화가 난 거지.'

이처럼 상대가 자신의 태도와 감정을 냉정하고 차분히 되돌아보게 만드는 효과가 있습니다. 당신이 초조해하거나 동요하는 기색 없이 곧바로 대답을 하면, 상대도 객관적으로 차분하게 자신의 분노와 욕구를 들여다볼 수 있는 것이죠.

어떻게든 대꾸함으로써 상대에게 우세한 흐름을 끊어야 합니다. 잠시 잠깐이라도 공격을 약하게 만들거나 중단시키면, 여러분의 마음에도 여유가 생깁니다.

상대의 반응에 주목할 것

반사 전술은 상대가 얼마나 화가 났는지 가늠하는 데도 도움이 됩니다. 만약 상대의 주장을 한마디로 정리해서 되받아쳤는데, 공격 기세가 전혀 꺾이지 않았다면 이때는 주의가 필요합니다.

상대가 흥분을 가라앉힐 때까지 일단 상태를 지켜보는 것이 상책입니다. 말을 잘 들어주고 적당한 지점에서 상대의 이야기를 요약해 되돌려주는 과정을 반복하면서, 그의 화가 누그러질 때까지 기다려야 합니다.

특히, 당신에게 무언가 찔리는 구석이 있다면 굳이 그 내용을 입에 담아서 상대를 더 자극하지 않도록 조심하세요. 일단 한 번 반격하고 나서 상대가 어떻게 나오는지 지켜본 다음, 어디까지 말할지 결정하면 됩니다.

반사 전술은 상대의 비판적인 의견을 그저 요약하는 것입니다. 그 의견에 대해 긍정해서도, 부정해서도 안 됩니다. 특히 협상할 때 필요한 자세죠.

꼭 명심하세요.

아차 싶은 순간엔
분산 전술

작게 쪼개면 어떻게든 된다

이번에는 분산 전술. 상대의 주장을 작게 분산시켜 그중 일부분만 인정하는 방법입니다.

앞서 반사 전술을 통해 상대의 흥분을 누그러뜨렸다고 해도, 실제로 맞닥뜨리면 상대의 주장을 인정해야 하는 순간이 올 수 있습니다. 바로 이때 분산 전술을 활용해야 합니다.

앞선 사례에서처럼 구매자로부터 제품에 대한 불만이 접수

되었다면 "제품이 작동하지 않는다니, 정말 죄송합니다"라고, 연인이 바람을 피운 게 아니냐고 추궁하면 "응, 자기 말대로 그건 내 머리카락이 아니야. 그런데……" 하면서 작은 부분만 인정하는 겁니다.

사람은 누구나 자신의 주장이 일부분이라도 받아들여지면 기쁜 마음에 공격의 고삐를 늦추게 마련이니까요.

물론, 어느 부분을 인정할 것인지가 중요하겠죠. 연인이 바람을 피우는 건 아닌지 의심하고 있는 사례에서는 머리카락 부분을 인정해버리면 나중에 걷잡을 수 없이 일이 커질 수 있습니다. 그러니 그게 누구의 머리카락인지 이 단계에서 굳이 밝힐 필요는 없겠죠.

전면 항복은 금물

아무리 생각해도 잘못이 본인에게 있는 게 확실할 때, 또 상대가 그 결정적인 증거를 쥐고 있을 때, 대부분의 사람은 마음속에 일어난 동요를 이기지 못하고 전면적인 패배를 선언하고 맙니다. 입을 여는 즉시 "죄송합니다", "잘못했어요"를

작디작은 부분만 인정할 것.

마구 쏟아내는 것이죠.

그런데 여러분, 상대가 인정사정없이 선제공격을 퍼붓는다고 해도 너무 쉽게 전면 항복하거나 무장을 해제해서는 안 됩니다. 당신에게 잘못이 있고 불리한 상황이라고 해서 무슨 일을 당해도 괜찮은 것은 아니지 않나요? 전세가 불리할수록 공격으로 받을 수 있는 피해를 최소한으로 줄이고, 피해가 그 이상으로 커지지 않도록 막기 위해서라도 맞대응을 해야 합니다.

잘못은 잘못대로 인정하되, 주장할 것은 확실하게 주장하라는 겁니다.

작은 패배를 마음에 두지 말 것

상대가 당신이 발뺌할 여지가 없는 사실을 지적하더라도 쉽게 포기하면 안 됩니다. 대신, 범위를 최소한으로 줄여서 재빠르게 작은 패배를 선언하세요.

상대는 일단 자신의 주장이 받아들여졌다는 생각에 순간적으로 공격의 고삐를 늦출 겁니다. 그러면 그 틈을 비집고 들어가서, 여러분이 먼저 개선책을 제안하거나 그럴싸한 변명을 덧붙이면 됩니다.

분산 전술의 핵심은 작은 패배를 마음에 오래 담아두지 않는 것입니다. 내가 흠칫하면, 상대는 그런 약점을 눈치채고 당신의 잘못을 집요하게 파고들 겁니다. 전면 항복을 받아내야겠다는 욕심이 다시 불타오르기 때문이죠.

작은 패배를 인정한 뒤에는 침착함을 유지하세요. 기죽지 말고 침착하게, 천천히, 냉정한 태도로 대화를 이어나가야 합니다. 비록 작은 부분일지라도 한 번 승리를 양보했으니, 더 이상 상대의 뜻에 따라줄 필요는 없습니다.

끈질긴 상대에게는 끈질기게 되갚기

상대가 끈질기게 투덜거린다고 해서 패배의 범위를 확대하는 방법은 바람직하지 않습니다. 여기서 무너지면 지금까지 한 고생이 물거품으로 돌아갑니다.

"그 건은 정말 죄송합니다."

"내 머리카락이 아닌 건 맞아. 그런데……"

하고 작은 부분만 거듭 인정하는 데서 그쳐야 합니다.

끈질긴 상대에게는 이 과정을 끈질기게 반복하며 적당한 지점에서 잘 다독여주세요. 분명히 말하지만, 끝까지 버티는 사람이 이깁니다. 상대의 분노를 이리저리 피하면서 감정적인 분위기를 최대한 배제하며 이야기를 끝마치는 방법이 가장 좋습니다.

맞붙지 말고 끝내라

이 분산 전술은 아주 작은 부분부터 시작해 상대의 마음을 조금씩 풀어주는 방법입니다. 넓게 보면 '각개 격파'라고 할 수 있죠.

예를 들어, 어떤 지역에 대형 마트가 새로 들어선다고 하면 그 지역의 상점 주인들이 모여 반대를 하죠? 그러면 마트 직원이 한 집 한 집 돌아다니면서 설득을 합니다. 채소 가게부터 술집 주인까지 한 명씩 설득하고 동의를 얻으면, 상점 집단이 조금씩 붕괴되죠.

"뭐 솔직히 우리는 마트 들어와도 상관없긴 해요."
"뭐라고? 이 배신자!"

이처럼 어설프게 현실적인 드라마가 펼쳐질 수도 있지만, 커다란 장벽에 맞닥뜨렸을 때는 작은 부분부터 조금씩 무너뜨리는 것이 싸움의 기본입니다. 상대의 '전부'와 팽팽하게 맞붙으려고 하지 마세요.

적이 인정사정없이 선제공격을 퍼붓더라도 그 자리에서 바로 항복하지 마세요. 서두르지 말고 천천히, 작은 부분부터 하나하나 대적해 나가면 분명 살길이 생깁니다.

흥분한 상대에겐 질문 전술

되묻기만 해도 호감도가 올라간다

세 번째는 질문 전술. 쉽게 말해 "왜 그런 건데?", "어째서 그렇게 생각해?" 하고 이유를 캐묻는 방법입니다.

이 질문 전술을 쓰기 전, 먼저 반사 전술과 분산 전술을 한 번씩 시도해보는 것이 중요합니다. 이 모두를 건너뛰고 다짜고짜 질문을 던지면, 상대가 "질문에 질문으로 대답하지 마!" 하고 반응할 수 있기 때문입니다.

앞서 등장했던 제품 교환 건을 예로 들어볼까요?

나　"제품이 작동하지 않으니 교환해달라는 말씀이시죠?"
고객　"맞아요."
나　"그럼 왜 작동하지 않는지 혹시 짚이는 데가 있나요?"

이렇게 질문으로 대화를 이어가면 '이 사람이 내 말을 잘 들어주고 있구나' 싶어져 상대가 흥분을 가라앉히고 당신에 게 호감을 갖게 됩니다.

또한 당신이 먼저 적극적으로 이야기를 이끌어냄으로써 "아, 콘센트를 꽂지 않았네요!" 같은 해결의 실마리를 찾아내 는 것도 가능하죠.

소송당하는 의사와 당하지 않는 의사

여러분은 환자로부터 소송을 당하는 의사와 당하지 않는 의사의 차이가 무엇인지 아시나요?

얼마나 많은 의학 지식을 가지고 있는지, 얼마나 숙련된 기술을 구사할 수 있는지의 문제가 아닙니다. 그런 것들도 중요하지만, 그보다 훨씬 중요한 요소가 있습니다.

캐나다의 토론토대학교 University of Toronto 웬디 레빈슨 Wendy Levinson 교수는 의사와 환자 사이에 오간 대화 수백 건을 녹음해, 소송을 당하는 의사와 당하지 않는 의사의 차이를 분석했습니다.

그 결과, 의사가 한 명의 환자와 평균적으로 이야기를 나눈 시간에 차이가 있다는 사실을 발견했죠. 환자로부터 소송을 당한 적이 없는 의사는 평균 18.3분, 소송을 당한 경험이 있는 의사는 평균 15분 동안 환자와 대화를 나눈 겁니다. 즉, 소송을 당하지 않은 의사가 환자의 말을 약 3분 더 들어줬다는 뜻이죠.

이야기를 잘 들어주는 사람은 말하는 사람을 기쁘게 만듭니다. 그러니 누구에게나 사랑받습니다. '저 의사는 내 말도 잘 들어주고 참 맘에 드는데, 이번 치료 건은 고소해야겠어!'라고 생각하는 사람은 거의 없습니다. '예전부터 저 의사는 내 말도 잘 들어주지 않고 별로였어. 그러니까 고소해야지!'

로 흘러가는 경우가 훨씬 많죠.

　의사로서 병을 치료하는 실력을 갖추는 건 중요합니다. 하지만 아무리 완벽하게 환자를 치료했어도, 고통을 호소하는 환자의 상태도 살피지 않고 별다른 설명도 없이 "수술은 잘 끝났다고요!"라는 말 한마디로 환자를 외면하면, 커다란 불안과 불신만 남기게 됩니다.

　의사 입장에서는 되도록 환자와 긴 시간 이야기를 나누는 것이 소송을 당하지 않을 수 있는 비결인 셈입니다.

'그런데' 전에 '그래서?'

　의료 현장이 아니라고 해도 마찬가지입니다. 상대가 이야기를 시작하면 "그래서? 그래서 어떻게 됐는데?" 하고 한 번은 물으세요. 그렇게 질문하면 반론은 한 계단 미루면서 조금이라도 듣는 시간을 늘릴 수 있습니다. 고작 3분 차이로 소송을 당할지 말지 명암이 갈리지 않았나요? 그러니 상대의 이야기를 듣는 시간을 1분만 늘려도 큰 효과가 있습니다.

상대는 '내 이야기를 들어주고 있구나' 하고 당신에게 고마움을 느끼게 되고, 당신 또한 상대의 주장을 잘못 알아듣고 반론할 뻔한 위험을 피할 수 있죠.

따라서 반론하기 전에 '조금 더 들어야' 합니다. "그런데"라는 말을 꺼내기 전에 상대의 말을 조금 더 들어주는 것만으로도 상대와 당신 사이의 거리를 훨씬 좁힐 수 있습니다.

열린 질문의 힘

이 전술을 활용할 때는 '어디서', '어떤'과 같이 '어'로 시작하는 질문부터 하는 편이 좋습니다.

"제품이 작동하지 않은 지 어느 정도 지났습니까?"
"스위치를 누르면 어떤 반응이 있나요?"

이처럼 '어'로 시작하는 질문은 상대가 대답할 수 있는 범위가 넓다는 뜻에서 '열린 질문 Open Question'이라고 합니다. 반대로 상대가 "네", "아니오"로 대답할 수밖에 없는 질문은 대답할 수 있는 범위가 한정되어 있으니 '닫힌 질문 Closed Question'

이라고 하죠.

닫힌 질문에 비해 열린 질문을 하면 상대가 구체적인 내용으로 대답해야 하므로 잠깐이라도 생각을 하게 됩니다. 그렇게 스스로 생각하게 함으로써 흐름을 중단시키고 기세를 조금이나마 꺾을 수 있습니다.

인간의 마음은 자동차와 같습니다. 한 번 움직이고 나면 관성으로라도 계속 움직이지만, 일단 멈추면 다시 시동을 걸기 어렵습니다. 그와 마찬가지로, 일단 열린 질문을 퍼부으면 상대의 기세에 찬물을 끼얹는 효과가 생깁니다.

질문을 홍수처럼 쏟아내라

여러 번 강조했듯이, 말싸움에서는 어떻게든 상대의 흐름을 막으면 이길 수 있습니다. 당신의 주장이 옳은지 아닌지는 둘째 문제죠.

그러니까 상대가 말을 쏟아내기 시작할 때 어떻게든 그 흐름을 막아야 합니다. "왜요?", "어떨 때 그렇게 느끼셨어요?"

하고 짧은 질문을 던져보세요. 짧은 질문으론 상대의 말에 바로바로 끼어들 수 있으니까요.

그렇게 이야기가 한 차례 끝나고 열린 질문으로 할 만한 이야기가 소진되면, 이번에는 닫힌 질문을 던져보세요. 여러분이 질문하고 상대가 "네", "아니오"로 짧게 대답하는 흐름이 만들어지면, 자연스럽게 대화의 주도권이 당신에게 돌아옵니다.

상대가 흥분하더라도 조바심은 금물이에요. 질문 공격으로 상대의 분노를 가라앉히면서 천천히 주도권을 되찾아오는 작전을 펼치세요.

거센 기세에 떠밀릴 땐 연기 전술

기다리게 하면 성공

네 번째는 연기延期 전술. 말 그대로 그저 미루면 되는 간단한 방법입니다. 상대가 어떤 말을 했을 때 속단을 내리지 않고 "생각할 시간을 좀 주세요"라고 말하는 것이죠.

"여기서는 결정하기 힘들 것 같은데……. 죄송합니다. 생각할 시간을 주세요."

"다음에 만날 때 말씀드려도 될까요?"

"말씀은 잘 알겠습니다만, 한 번 더 생각할 기회를 주시겠습니까?"

답변을 미룰 수 있는 말이라면 무엇이든 상관없습니다. 그
자리에서 결정하지 않는 것이 핵심이죠. 이렇게 하기만 해도
반격에 성공할 확률이 훨씬 높아집니다.

인간은 분위기에 압도될 때가 많습니다. 좀처럼 반론을 제
기하지 못하는 사람은 대개 맞받아치기 껄끄러운 분위기 속
에서 상대의 기세에 밀려 저도 모르는 사이 고개를 끄덕이고
맙니다.

따라서 일단 시간을 번 뒤 마음을 가다듬으며 상대의 주장
이나 요구를 냉정하고 침착하게 따져볼 필요가 있습니다.

시간을 내 편으로 만든다

장기를 예로 들어볼까요? 프로들끼리 맞붙는 싸움은 대부
분 시간제입니다. 제한된 시간 안에 얼마나 좋은 수를 생각
해내느냐. 바로 거기서 프로의 실력이 드러나는 법이죠. 주어
진 시간을 얼마나 잘 활용하느냐가 승패를 좌우합니다.

다른 게임이나 스포츠도 마찬가지입니다. 시합 중간에 시간을 멈추고 천천히 생각할 수 있다면 훨씬 유리하겠죠. 실제로 배구나 농구 경기에서는 감독이 자주 작전 타임을 요청해서 지시를 내리기도 하죠? 전세가 불리할 때는 분위기를 환기하고, 다함께 전술을 확인한 다음에 다시 출발하는 것이 좋기 때문입니다.

아무리 거센 기세에 떠밀리고 있다 해도, 일단 멈추면 냉정하게 상황을 재정비할 수 있습니다. 토론이나 협상을 할 때도 꼭 연기 전술을 활용해보세요.

집요하게 추궁할 때

결정을 미뤄달라고 요청했음에도 상대가 이를 무시하고 빨리 결론을 내라고 재촉하면 어떻게 해야 할까요? 이때도 포기하지 말고 다시 시도해보세요.

다만 이때는 반드시 "무슨 말인지 잘 알겠습니다"라는 말을 덧붙여야 합니다. 그래야 상대가 '일단 내 생각을 받아들였구나' 하면서 조금이라도 누그러질 테니까요. 그렇게 하면 당신의 연기 요청을 허락할 확률도 단번에 올라갑니다.

핵심은, 상대가 어떻게 나오든 "알겠습니다"라고 하면서 미루는 겁니다. 부탁을 거절하고 싶을 때도 일단 말을 이어받고 약간 틈을 준 다음에, "곰곰이 생각해봤는데 그건 좀……"이라는 식으로 말해보세요. 그래야 바로 거절할 때보다 호감도와 설득력이 올라갑니다.

요청에 따르고자 최대한 노력했으나 아쉽게도 성사되지 못했다는 어감으로 말하면, 나중에라도 어느 정도 이해해줄 가능성이 있습니다.

강적일수록 허점투성이

유명한 누군가가 했다는 이야기를 천천히 냉정하게 곱씹다 보면, 사실 그의 주장도 별거 아니라는 사실을 깨우치게 될 때가 많습니다.

연기 전술은 특히나 자신의 권위를 내세워 무턱대고 상황을 자기에게 유리한 방향으로 끌고 가려고 하는 적수를 만났을 때 효과가 있습니다. 남을 채근하고 위압하는 사람일수록 대개 논리가 빈약하거나, 불면 날아갈 것처럼 가벼운 이야기를 늘어놓곤 하죠. 논리로는 자신이 없기 때문에 기세를 몰아서 힘으로 뛰어넘으려고 하는 겁니다.

  시간을 두고 냉정하게 논리만으로 맞붙으면, 헛웃음이 날 정도로 힘없는 상대일 때도 많습니다. 그러니 이런 사람을 만나면, 질문을 홍수처럼 쏟아내서 당신에게 유리한 결론으로 상대를 조금씩 몰아붙여보면 어떨까요?

지겠다 싶을 땐
피드백 전술

등골을 오싹하게 만들기

피드백은 상대가 어떤 상태인지 넓은 안목으로 평가한 다음, 그 평가를 상대에게 되돌려주는 전술을 말합니다.

"화가 나 있구나."
"목소리가 너무 커."
"아까는 ○○라고 했잖아."

이처럼 피드백은 넓은 의미에서 상대가 어떤 상태인지 언급함으로써 당사자가 스스로 '재확인'할 수 있게 만드는 방법입니다. 토론을 하는 도중에는 자신의 상태가 어떤지 의외로 자각하기 어렵습니다. 그럴 때 눈앞에 거울을 놓아둔다면 어떨까요? 혹은 토론하는 자신의 모습을 촬영한 영상을 보면 어떤 느낌이 들까요?

대부분 깜짝 놀라 몸이 얼어붙을 겁니다. 너무 부끄러워서 아무 말도 못 하는 사람도 많을 테고요. 이렇게 상대가 어떤 상태인지 말로 알려주는 것이 바로 피드백 전술입니다.

말투에 초점 맞추기

그럼 구체적으로 어떻게 피드백하면 좋을까요? 단순하게 상대의 상태를 말로 표현하는 게 전부는 아닙니다.

"코털이 삐져나왔네요."
"입 냄새가 심해요."
"목소리가 너무 듣기 싫어요."

이렇게 말하면 불에 기름을 붓는 꼴이죠. 더 간결하되,

무작정 비판하는 것처럼 느껴지지 않는 말을 해야 합니다. 이때 가장 쉽게 시도할 수 있는 방법이 '상대의 말투'에 초점을 맞추는 것이죠.

"무슨 뜻인지는 잘 알겠습니다. 그런데 말씀이 너무 심하시네요."
"알겠습니다. 하지만 그렇게 한꺼번에 모두 해달라고 요청하시면……."

이처럼 상대가 이야기한 내용 자체를 부정하지 말고, 측면부터 공격하는 겁니다. 그렇게 하면 상대는 '심하게 말할 생각은 없었는데……', '하나씩 말할 걸 그랬나?' 하면서 공세를 늦출 겁니다. 게다가 '내가 그렇게 말해서 기분이 상했나?' 하고 상대에게 다소 미안한 마음을 갖게 됩니다. 그러면 상대의 말에 반격할 수 있는 실마리가 생기는 것이죠.

화법 지적하기

"죄송해요. 이해가 잘 안 돼서……."
"죄송한데 천천히 말씀해주시면 안 될까요?"

이렇게 간접적으로 상대의 화법을 지적하는 방법도 꽤 효과가 좋습니다.

여러분이 사람들 앞에서 중요한 프레젠테이션을 하고 있는 모습을 상상해보세요. 한창 집중해서 말을 하고 있는데, 누가 "그쪽이 말하는 방식은……" 하면서 끼어들면 어떨까요? 갑자기 호흡이 꼬이면서 매끄럽게 말하기가 힘들어질 겁니다. 그러면 상대의 입장에서는 반격하기 쉬워지겠죠?

오버는 금물

피드백이란 '나만 아는 비상구'라고 할 수 있습니다. 따라서 토론은 물론이요, 상대에게 논리적으로 밀릴 때 언제든 활용할 수 있습니다. 어떤 상황에서도 기사회생할 수 있는 피드백 전술을 꼭 기억하기 바랍니다.

패색이 짙더라도 일단 상대의 말투를 걸고넘어지는 겁니다. 토론할 때는 누구나 말투가 비판적으로 변하게 마련이니까요. 말투를 문제 삼으면 무조건 반격할 수 있습니다.

물론 이 방법을 남용할 경우, '얄미운 사람'이라는 꼬리표
가 붙을 수 있다는 것은 명심하세요. 그러니 꼭 필요한 순간
에만 최소한으로 활용하는 게 현명합니다.

현실에서 실행 가능한 전술

이제 정리해보죠. 앞서 다섯 가지 전술을 소개했으나, 실행
가능성과 반격 이후 상대와의 관계를 생각했을 때 여러분이
꼭 시도했으면 하는 전술은 다음 네 가지입니다.

① **반사 전술** 상대의 주장을 요약해서 "○○란 말이죠?"라며
　　　　　　　　되묻기

② **분산 전술** 상대의 주장을 잘게 쪼개 일부분만 인정하기

③ **질문 전술** "왜 그렇게 생각해?" 하고 묻기

④ **연기 전술** 결정 미루기

이기는 것이 다가 아니다

이 네 가지 전술은 상대와의 말싸움에서 이기거나 이야기
를 얼버무리기 위한 방법이 아닙니다. 상대의 주장을 포용하

고 분노를 가라앉히면서, 내가 떠안을 수 있는 위험 부담을 최소한으로 줄이는 방법이죠.

다른 사람을 공격하면 결국 자신에게 돌아오는 법입니다. 따라서 부당한 공격을 받지 않는 데 필요한 최소한의 게릴라 전술만 잘 익혀두면 됩니다.

나를 험담하는 사람은 결국 가까운 가족이나 지인, 혹은 같은 회사에서 근무하는 선·후배와 동료일 겁니다. 소중한 관계를 무너뜨리는 건 한순간이지만, 후회는 오래 남습니다. 위력에 위력으로 맞서기는 쉽습니다. 하지만 그래봐야 아무것도 달라지지 않겠죠. 그러니 설사 여러분이 우위에 있더라도 이 전술을 현명하게 활용하길 당부합니다.

4장

상대의
급소를 찾아라

먼저 나를 지키자

지금까지 상대의 무례한 공격을 약하게 만드는 기술에 대해 살펴봤습니다. 당신이 맞받아친 한마디 때문에 상대 진영에 조금이라도 변화가 생겼다면 크게 한 발 내디딘 겁니다. 강압적인 태도나 불합리한 언행에 무릎 꿇지 않을 수 있는 토대를 다졌다고 할 수 있죠.

평소 사람들과 이야기를 나누면서 자신이 얼마나 달라졌는지 실감하게 되면 마음이 한결 편해집니다. 아무리 만만치 않은 적수라고 해도, 적절한 대처 방법 하나로 무너뜨릴 수 있다는 사실을 알고 나면 이미 이긴 싸움이나 다름없죠.

지금의 수동적인 인간관계를 바꾸는 열쇠는 여러분의 손에 있습니다. 그렇게 믿으면 답답함이 사라지고, 인간관계에서 자신감도 되찾을 수 있죠. 이번 장에서는 앞서 소개한 전술들을 어떻게 활용하면 좋을지 구체적으로 살펴보겠습니다.

타인에게 상처주지 않는 것도 중요하지만 먼저 나를 지켜야 하기에, 지금부터 상대에게 직접적으로 반론하는 대화술을 소개하고자 합니다. 단, 이 방법을 쓰면 나와 듣는 사람 모두에게 응어리가 남을 수 있으니 꼭 필요할 때만 최소한으로 활용하세요.

급소는 상대의 입에서 나온다

악담을 하는 사람은 '자신이 들었을 때 가장 속상할 것 같은 말을 내뱉는다'는 사실을 알아두세요.

악담에는 원래 그 사람의 공격성이 담겨 있습니다. 따라서 무슨 말을 하든, 듣는 사람이 아무 반응도 하지 않으면 오히려 말을 한 사람이 민망해지죠.

특히 앞서 말했듯 인간은 다른 사람들도 나와 똑같이 생각한다고 믿습니다. 심리학에서는 이를 '투영投影'이라고 하죠. 그러니 공격성을 적나라하게 드러내며 타인에게 쏟아내는 악담은 곧 자신이 들었을 때 가장 상처받게 되는 말입니다.

예를 들어, 누군가에게 "저질!"이라는 말을 자주 하는 사람은 자신은 몰라도 평소 마음 한구석에 '내가 남들보다 수준이 낮은 건 아닐까?' 하는 불안을 안고 있을 가능성이 큽니다. 크게 성공한 기업가는 누구에게든 수준이 낮다고 말하지 않습니다.

실제로 제가 아는 성공한 기업가에게, 다른 사람에게 어떤 말을 들을 때 가장 많이 상처받는지 물었습니다. 그는 "사람 잘못 봤네"라는 말을 들을 때 그렇다고 하더군요. 스스로 성공했다고 자부하는 사람에게는 타인이 스쳐 지나가듯 말한 부정적인 평가도 커다란 충격으로 다가오는 겁니다.

하지만 '저질'이라는 말은 너무 현실과 동떨어져 있으니 오히려 신경이 안 쓰이죠. 즉, 누군가에게 "정말 저질이야!"라고 말하는 사람은 자신을 비롯해 여러 사람을 평가하면서 그중 내가 가장 밑바닥이 아닐까 하고 불안해하는 사람이라고 봐도 틀리지 않을 겁니다.

정면 공격은 피할 것

물론 사람이라면 누구나 약간의 불안감을 안고 살아갑니다. 이것만 기억하면 누가 어떤 악담을 퍼붓든 절대 상처받지 않습니다.

'아, 이 사람은 ○○라는 말을 가장 싫어하는구나. 정말 딱하다.'

이렇게 생각하면 그 사람에게 연민이 생기고, 상대적으로 내 마음은 편해집니다. 원래 누군가가 내뱉은 악담에 상처받았을 때는 그 악담을 그대로 돌려주는 방법이 상대에게 가장 치명적인 공격이 됩니다.

"저질은 누가 더 저질인데?"

"죽어야 할 사람은 그쪽이에요."

"뭐? 내가 멍청하다고? 이런 글이나 쓰고 있는 네가 더 바보 같아 보이는데?"

이렇게 말하면 듣는 사람의 속이 뒤집어질 테니까요. 상대는 그렇게 나를 공격하면서 저도 모르게 자신의 급소를 내보인 거나 다름없지요. 누군가가 허락도 없이 당신의 부스럼 딱지를 갑자기 떼어낸다면 아프고 싫겠죠? 하지만 내 손으로 그걸 떼는 일은 무심결에 할 수 있습니다.

인간은 타인에게 악담을 쏟아냄으로써 자기 내면의 부스럼 딱지를 떼어내고 있는지도 모릅니다. 다른 사람에게 악담을 퍼붓는 사람은 언뜻 강해 보이지만, 실은 가장 안쓰러운 사람이기도 합니다.

다른 사람을 헐뜯어봐야 얻을 수 있는 건 아무것도 없습니다. 가는 말이 험한데 오는 말이 고울 리가 있나요. 불에 기름을 붓는 꼴이죠.

슬그머니 급소 건드리기

그럼 앞서 말한 '질문 전술'을 활용해서 상대의 급소를 건드려볼까요?

"자네는 언제 봐도 행동이 느리군."
"그런가요? 그 일은 내일까지 해두겠습니다. (화제를 바꿔서) 그런데 ○○ 건은 끝내셨습니까?"

만약 당신이 상대의 이야기에 곧바로 질문으로 대응하면, 비아냥거리는 것처럼 들려서 상대의 심기를 건드릴 가능성이 있습니다. 하지만 앞의 예시에서처럼 일단 상대의 말을 수긍하고 화제를 바꿔 질문하는 겁니다. 그렇게 물으면 드러내놓고 핀잔을 준 것은 아니므로 상대가 그대로 물러나기만 하면 아픈 데를 찔리지 않고 상황을 끝낼 수 있습니다. 즉, 도망칠 구멍을 만들어주는 셈이죠.

자기가 먼저 말을 꺼낸 것이니 민망해서라도 화가 한풀 꺾일 겁니다. 상대가 다시 반격하기 어렵다는 점에서 효과가 탁월한 전술입니다.

조용하고 확실한 반격

이 전술을 잘 활용하면 나 자신의 마음도 잠시나마 후련해질 뿐더러 장담하건대, 다음부터 상대가 여러분을 공격하는 것을 꺼릴 겁니다. 공격하려고 할 때마다 당신에게 급소를 찔릴 뻔했던 기억이 되살아날 테니까요.

인간은 어떤 행동을 했다가 고통을 경험하게 되면, 같은 행동하기를 주저하게 되죠. 이를 '강화强化'라고 합니다. 심지어 자신이 왜 그런지 인지하지 못한 상태에서도 강화가 일어납니다. 즉, 상대가 자신의 급소를 들켰다는 사실을 깨닫지 못한 상태에서 갑자기 화제를 전환해 들이밀어도 효과가 있다는 뜻입니다. 따라서 굳이 '당신 급소를 알고 일부러 이러는 거야' 하고 알려줄 필요는 없습니다. 괜한 원망을 살 수 있으니, 현명한 방법이 아닙니다.

어떤 실험에서 쥐가 미로를 끝까지 통과했을 때 먹이를 줬다고 가정해봅시다. 쥐는 '뭐가 뭔지 도통 알 수 없는 길을 통과했을 뿐인데 왜 먹이를 주지? 찍찍!' 하고 생각하겠죠. 그럼에도 불구하고 먹이가 '정적正的 강화'로 작용해서, 쥐는 그 후에도 엄청난 속도로 미로를 통과합니다.

반대로, 다른 길을 통과했을 때 전류를 흘리면 쥐는 '여태 껏 이 길로 지나가도 아무 문제 없었는데 왜 찌릿찌릿하지? 이건 너무하잖아! 찍찍!' 하고 생각할 겁니다. 그리고 다시는 그 길로 지나가지 않죠. 이를 '부적的 강화'라고 합니다.

다시 한 번 말하지만, 이유가 명확하지 않거나 불합리하더 라도 '강화'에는 행동을 바꾸는 힘이 있습니다. 그래서 상대 가 쏟아낸 악담과 관련된 사실을 질문 형식으로 바꿔 상대를 찔러보는 공격 전술은 효과가 아주 뛰어납니다.

있는 그대로
되돌려주는 화법

욱하지 말고 어른스럽게

왜 어떤 사람은 일부러 큰소리를 내거나 남에게 상처 주는 말을 거침없이 내뱉는 걸까요? '나라면, 이렇게 말하면 들을 거야'라고 생각하기 때문입니다. 어떤 면에서는 유아적인 사고방식을 드러내는 행동이죠.

여러분에게 "이 자식, 넌 이런 것도 몰라? 초등학교부터 다시 다녀!"라고 소리치는 상사가 있다고 가정해봅시다. 이처럼 무례한 사람에겐 어떻게 대처하는 게 좋을까요?

대충 받아넘기면서 유치원생 어르듯 대하는 방법이 좋습니다. 물론 똑같이 "뭐라고? 이 자식이!" 하면서 덤비는 것도 방법 중 하나일 순 있습니다. 하지만 다 큰 어른들끼리 이 자식, 저 자식 하며 싸울 순 없지 않나요?

간접화법으로 반복해서 말하기

가장 쉬운 방법은 상대가 한 말을 간접적으로 언급하는 것입니다. 대답 대신 상대가 한 말을 반복하는 방법이 가장 효과적이죠.

"지금 '이 자식, 넌 이런 것도 몰라?'라고 하셨나요?"
"초등학교부터라니……."

앞서 피드백 전술에서도 언급했지만, 사람은 자신이 현재 어떤 상태인지 알아채기만 해도 긴장하는 경향이 있습니다. 내 목소리가 녹음된 음성 파일을 직접 들을 때처럼 살짝 민망해지는 겁니다.

마찬가지로 이렇게 다른 사람이 언급해주기만 해도 자신이

소심한 어른의 따라하기 전술.

내뱉은 폭언이 얼마나 추한지 깨닫게 됩니다. 물론 "그래! 뭐 어쩌라고!" 하고 반응하는 사람도 있을 수 있겠죠. 하지만 앞으로 당신에게 그 사람이 험한 말을 내뱉는 횟수는 현격히 줄어들 겁니다.

여러분도 꼭 한번 시도해보세요.

말할 기력을 빼앗는
대화의 법칙

무시하는 것 이상의 전략

1장에서도 말했듯이, 누군가가 당신에게 악담을 하는 이유는 대개 당신이 어떻게 반응하는지 보고 싶어서입니다.

따라서 일부러 아무 반응도 하지 않는, 즉 무시하는 방법도 하나의 전략입니다. 상대가 악담을 퍼부을 때 어떤 스트로크도 주지 않는 것이죠. 적극적인 긍정이나 부정은 사태를 더욱 악화시킬 따름이니까요.

하지만 상대가 바로 눈앞에서 공격을 하는데 이를 완전히 무시하기란 그리 쉬운 일이 아닙니다.

흐름을 끊는 손쉬운 방법

일본의 심리학자 다고 아키라 교수는 "상대의 말을 끊는 데는 숟가락이나 펜을 떨어뜨리는 방법이 좋다"라고 했습니다. 하지만 그러기가 어디 쉽나요.

실제로 저의 선배가 시험해봤는데, 숟가락을 떨어뜨릴 때 상대가 선배 손가락을 너무 쳐다보는 바람에 일부러 떨어뜨렸다는 점만 더 부각되었다고 하더군요. 분위기가 어색해진 대신, 대화는 끊겼다고 합니다. 안타깝죠. 정말 안타깝습니다. 하지만 무슨 말인지는 잘 알겠습니다. 어떤 식으로든 말이 끊기면 다시 이어가기 어려우니까요.

흐름 끊기를 시도한 선배도 한창 이야기를 하는 와중에 갑자기 이런 실험을 당했다고 합니다.

"맞아요, 저도……."

"쉿! 조용히 해봐!"

"?!"

"매미 소리가 나서."

결국, 말할 기력을 완전히 빼앗겼다고 하더군요.

논점을 바꿔서 탈선시키기

앞서 질문 전술 내용에서도 언급했지만, 인간의 마음은 자동차와 같습니다. 한 번 움직이기 시작하면 관성으로라도 계속 움직이지만, 일단 멈추면 다시 시동을 걸기 어렵습니다. 그래서 숟가락을 떨어뜨려 상대의 말을 끊는 작전도 훌륭합니다. 다만 자칫 부자연스러울 수 있으니 더 쉬운 방법을 알려드리겠습니다.

그것은 바로 '무조건 질문하는' 방법입니다. 상대가 어떤 이야기를 하면 "그렇구나", "맞아요" 하면서 일단 수긍합니다. 잘 들어주는 자세가 우선되어야 합니다.

그렇게 상대의 이야기를 모두 들어주고 나서는 이것저것

적극적으로 물으세요. 이야기를 넓히는 질문, 즉 열린 질문을 던져야 합니다. 질문은 원래 '이야기를 더 듣고 싶다'는 의지와 맞닿아 있어요. 따라서 자신이 이야기한 내용에 대해 상대가 더 궁금해한다고 싫어할 사람은 없습니다.

그렇게 질문을 하다 보면 자연스럽게 대화의 주도권이 여러분의 손에 들어옵니다. 주도권을 잡게 되면, 상대에게 '결말과 연관된 질문'을 던지세요.

예를 들어, 거래처에서 "납기에 늦었다"고 불평하면, "죄송합니다. 그래서 어떻게 처리하셨나요?" 하고 시간적으로 결말에 가까운 질문을 던지는 겁니다.

그러면 상대는 관련 질문에 대해 대답할 수밖에 없고, 자연스럽게 화제를 마무리하는 쪽으로 이끌어갈 수 있습니다. 적어도 "배송되길 얼마나 기다렸는데!"라는 불평을 장황하게 듣게 되진 않을 거예요. 게다가 "앞으로는 그런 일 없도록 주의하겠습니다. 정말 죄송합니다"라고 말하며, 당신이 먼저 화제를 정리하는 것도 가능합니다.

자동차에 비유하자면, 상대의 차를 강제로 멈춰 세우지 않으면서도 조금씩 코스에서 벗어나게 하는 방법이죠. 상대가 원하는 포장된 길에서 조금씩 막다른 길로 노선을 변경하게끔 만들어야 합니다. 자동차는 꾸준히 움직이지만, 결국 멈추어 설 수밖에 없습니다.

꼭듯한 높임말로
무장 해제시키기

겸손한 사람의 본심

혹시 주변에 누군가에게 어떤 부탁을 할 때 유독 겸손해지는 사람이 있지 않나요?

"부탁드립니다, 선배님. 이 은혜는 평생 잊지 않을게요!"
"부탁입니다. 제발 조금만 더 기다려주시면 안 될까요?"

왜 이 사람은 이처럼 부탁을 할 때 과하다 싶을 만큼 저자세로 변하는 걸까요? 물론, 스스로 낮은 자세를 취해 상대에게 우월감을 안겨줌으로써 거절하기 힘들게 만들려는 속셈일 수도 있습니다. 하지만 이런 관점은 어떨까요?

정신분석학의 창시자인 지그문트 프로이트^{Sigmund Freud}는 인간은 끓어오르는 '욕동^{欲動}'에 열 가지 방어기제로 대처한다고 주장했습니다. 그 열 가지 방어기제 중 하나가 '반동 형성^{Reaction Formation}'입니다.

인간은 두 가지 상반된 감정을 동시에 가질 수 없습니다. 반동 형성은 내 욕구와 정반대의 행동을 함으로써 그 욕구를 떨쳐버리려는 반응을 말합니다. 여러분도 한 번쯤은 못 견디게 미운 사람에게 한층 더 예의를 갖춰서 대한 경험이 있지 않나요? 마음과는 정반대로 예의 바르고 정중하게 대함으로써 내 안의 공격성을 억누르려는 행동이죠.

더 쉬운 예로는 초등학생끼리 하는 말싸움을 들 수 있습니다. 싸움이 더 격렬해지고 분노가 깊어질수록 아이들은 높임말을 쓰기 때문이죠.

"아까 그렇게 말-했-잖-아-요?"

"그런 적 없, 거, 든, 요?"

아아, 정말 남의 일 같지 않네요.

반동 형성 반대로 활용하기

그러니 깍듯한 높임말을 자주 쓰는 사람들일수록 '어떤 일을 이루려는 열망과 집착이 강하다'고 볼 수 있습니다. "좀 해줘! 선배가 꼭 해줬으면 좋겠어!"라고 말하고 싶은 격한 마음을 감추기 위해, 지나칠 정도로 깍듯하게 높임말을 쓰는 것이죠.

일상생활을 하다 보면 이 같은 상황에 자주 부딪힙니다. 번번이 말을 바꾸는 상사부터 잡일을 떠미는 동료, 기한을 지키지 않는 부하까지, 한마디 해줘야지 하다가도 말할 기회를 놓칠 때가 있죠. 그럴 때, 활활 타오르는 내 감정을 반대로 활용하는 것이 바로 반동 형성 전술입니다. 말싸움 와중에 감정이 격해질 때 활용하면 좋습니다.

분노나 어떤 강렬한 욕구가 느껴질 때는 재빨리 깍듯한 표현으로 말을 포장해서 상대에게 다가가세요.

마음을 움직이는 한마디

"저 같은 사람이 이런 말을 해서 건방지다고 생각하실지 모르지만……."

반론을 해야 하는 상황에서는 이런 말로 시작해보세요.

물론 "응, 맞아"라고 반응하는 사람도 있겠죠. 그런데 그럴 가능성은 거의 없습니다. 먼저 공격한 사람은 이미 자신이 우위에 있기 때문에, 더 우위에 서고자 하는 욕망이 별로 없습니다. 따라서 반론하는 사람이 자신을 먼저 낮추면, 자연스럽게 "그렇지 않아"라고 대답할 정도의 위치로 내려옵니다. 물론 여러분이 정말 미워서 공격하는 상황이라면 이야기가 달라지겠지만요.

나의 말과 행동에 따라, 타인의 감정은 달라집니다. 높임말을 쓰거나 서두에 정중한 말 한마디만 덧붙여도, 고압적이었던 사람이 자연스럽게 당신의 위치에까지 내려옵니다. 그러면 여러분과 상대가 수평적 관계를 맺게 되므로, 주눅 들 필요 없이 당당하게 말하면 됩니다.

물론 빈틈을 보이고 싶지 않다면, 필요 이상으로 나를 낮추지는 말아야 합니다. 하지만 일부러 자신의 약점을 드러냄으로써 상대의 마음을 내 편으로 가져오는 작전도 때로는 효과가 좋습니다. 나날이 넓어지는 이마를 열심히 숨기기 바빴던 영화배우 숀 코네리Sean Connery도 오히려 가발을 벗어던지고 나서 더 인기를 얻었으니까요.

그럼 정리해볼까요? 프로이트가 말한 방어기제 중 하나인 반동 형성에 따르면, 인간은 감정이 격해질수록 깍듯하게 예의를 갖추며 자신을 낮춥니다. 그는 반동 형성을 바람직하지 못한 작용이라 여겼지만, 자신의 주장을 제대로 펼치는 데는 매우 효과적인 방법입니다.

밀면 당기고 싶고, 멀어지면 좇아가고 싶은 것이 사람의 마음입니다. 일부러 내 약점을 전면에 내세워서 상대가 호감을 갖도록 만들어보면 어떨까요? 이 방식은 자석처럼 사람의 마음을 끌어당기는 게임입니다.

어쩐지 싸우고 싶지 않아

이처럼 상대의 마음을 움직이고 싶을 때는 한 발 물러나는 방법이 좋습니다.

"소중한 의견, 정말 고맙습니다. 좋은 공부가 됐어요" 하고 말하면 어떨까요? 쓴소리를 했는데 고맙다는 말이 돌아오니, 상대는 조금 김이 샐 겁니다. 오히려 미안하게 여기겠죠. 그것만으로도 공세를 약하게 만들 수 있습니다.

언제 어떤 상황에서나 강력한 한 방으로 맞설 필요는 없습니다. 상대를 움직이고 싶다면 겉으로 오가는 말보다 수면 아래에 있는 마음의 움직임을 포착해서 흔들어야 합니다.

방심하게 만든 후, 마지막 스퍼트

그래도 안 되면 강행 돌파

지금까지 진흙탕 싸움을 피하고 상대를 크게 자극하지 않으면서도, 내 뜻대로 움직이게 만드는 전술을 살펴봤습니다.

하지만 그렇게 반격을 펼쳐도 상대가 고삐를 늦추지 않고 엄청난 말수로 밀어붙이는 바람에 궁지에 몰릴 수도 있습니다. 그럴 때는 보다 직접적인 말로 반격해 나 자신을 지켜야 합니다. 지금부터 그러한 강행 돌파에 유용한 방법을 알아봅시다.

1장에서 소개한 '팃 포 탯' 전략을 기억하나요? 상대가 먼저 배신했을 때 딱 한 번, 똑같은 방식으로 되갚아주는 전략이죠. 이와 같은 맥락에서 대화가 말싸움으로 번져도 나가떨어지지 않는 반격술이 있습니다.

야쿠자의 협상술

혹시 야쿠자가 어떻게 협상하는지 알고 계십니까? 야쿠자는 잘못이 자기 쪽에 있는 게 명백하다고 해도, 결코 상대의 주장을 전부 인정하지는 않는다고 합니다.

예를 들어, 다른 조직에 어떤 빚을 졌을 때 일단 어느 정도 사죄하면서 상대가 하고 싶은 말을 맘껏 하도록 내버려둡니다. 그러면 상대는 자기도 모르게 우쭐해져서 안 해도 그만인 말을 내뱉거나, 필요 이상으로 공격하게 됩니다. 바로 그때부터 야쿠자의 반격이 시작됩니다.

"그렇군요. 확실히 이번 일은 저희 쪽에 잘못이 있다는 점, 인정합니다. 하지만 방금 하신 말씀은 도저히 그냥 넘길 수가 없네요. 대체 무슨 뜻입니까? ○○라고도 들리는데, 그렇게 생각해도 상관없습니까?"

　이런 식으로 이제껏 사죄하던 사람이 언제 그랬냐는 듯 상
대의 말꼬리 하나를 잡아서 공격을 퍼붓는 것이죠. 그렇게
반격하면 원래는 10대 0이나 9대 1로 지고 말았을 논쟁이 7
대 3이나 6대 4의 승률로 마무리된다고 합니다. 물론 이 같
은 방법을 그대로 활용하라는 말은 아닙니다만, 기억해둘 가
치는 충분하겠죠?

마지막에 승부를 뒤집는 법

　상대에게 노골적으로 반론을 제기할 때는 조바심을 버려야
합니다. 말싸움이 벌어질 때마다 즉석에서 반격할 말을 짜낼
필요는 없습니다. 어설픈 반론은 오히려 상대의 공격 의지만
불태우게 만들 뿐이니까요.

　앞서 '비판에 대처하는 다섯 가지 방법'에서 살펴봤듯이, 누
가 말싸움을 걸면 그 사람의 주장을 요약해서 들려주고, 그
주장을 잘게 쪼개서 일부분만 인정하는 것부터 시작하세요.

"그건 그렇죠."

"네, 네………."

우선 이렇게 상대의 이야기에 맞장구를 치면서 상대가 하고 싶은 말을 맘껏 하도록 만드세요. 그러면서도 그 말들 속에서 반론할 만한 실마리를 조용히 찾아야 합니다.

한 마디 한 마디 침착하게 곱씹으면서 상대의 말에 모순점이 있거나 도가 지나치다 싶은 말을 확실하게 기억해두는 겁니다. 상황에 따라서는 메모를 해도 좋습니다. 그리고 상대가 이야기를 끝마쳤을 때 이렇게 단번에 치고 들어가는 겁니다.

"잘 알겠습니다. 그런데 방금 말씀하신 ○○ 말인데요……"

"네. 그런데 아까 하신 말씀은 좀 이상한 거 같은데요?"

인간은 자기가 하고 싶은 말을 끝낸 시점에서는 이미 어느 정도 만족을 합니다. 뭔가 머리를 짜내서 더 이야기하고 싶은 의욕이 서서히 사그라지죠. 이럴 때 갑자기 반격 태세로 돌아서서 공격을 퍼부으면, 허를 찔린 상대는 체제를 재정비하기 어렵습니다.

아무리 강적이라고 해도 후반에 전력을 모아 급소를 공격하면, 전세가 나에게 훨씬 유리하게 돌아갑니다. 완전히 이겼다고 확신하는 순간, 패배가 꼬리를 물고 뒤따라오는 법이니까요.

저항하지 않으면 익숙해진다

미국의 긍정 심리학자 마틴 셀리그만 Martin Seligman 교수의 연구진이 한 가지 실험을 했습니다. 개를 우리에 가두고 계속해서 전기 충격을 가한 것이죠. 우리에 갇힌 개는 도망칠 수 없기 때문에 전류를 온몸으로 받아내는 수밖에 없었죠.

부들부들 떨면서 그저 무력하게 고통을 감내하는 개. 상상만 해도 눈물이 날 것 같네요. 그렇게 개에게 여러 번 전기 충격을 가한 후 우리의 문을 열어주면 어떻게 될까요? 개는 도망가려고 시도조차 하지 않습니다.

이것이 바로 '학습된 무기력'입니다. 도망칠 구멍은 없다. 고통스러운 전기 충격을 그저 참아내야 한다. 이 사실을 한 번 학습하고 나면 기력이 없어집니다. 우리를 열어줘도 도망

가지 않는 이유입니다.

사람도 마찬가지입니다. 무언가 괴로운 일을 당했을 때 그 고통을 그저 참기만 하다 보면, 눈앞에 행운을 거머쥘 기회가 나타나도 뒷걸음치면서 행동에 나서지 않게 됩니다.

자신에게 닥친 불행을 그저 '내가 능력이 없어서 이런 불행이 닥친 거야' 하면서 받아들이게 되기 때문입니다. 심리학에서는 이를 '인지적 부조화'라고 부릅니다. 따라서 부당한 공격을 당했을 때 반격으로 맞서 나 자신을 지키는 것은 무척 중요합니다.

5장

독설러에겐
칭찬과 부탁을

위험 부담 없는 내 편

앞에서 우리는 만만치 않은 적수와 어느 정도 명확하게 결판을 지을 수 있는 강경한 방법들을 살펴봤습니다. 이 방법을 쓰면 상대가 크든 작든 반발심을 가지게 되는데, 나 역시 기분이 마냥 개운하지만은 않습니다.

이야기했듯, 내가 누릴 행복의 양은 내가 타인에게 안겨준 행복의 총량과 같기 때문이죠. 내가 10의 힘으로 8을 가진 적수를 잘 몰아붙였다고 해도, 2~3 정도는 반동으로 돌아올 가능성이 있습니다.

하지만 적을 내 편으로 만들면 어떨까요? 10에 8을 합쳐 총 18로 내 힘이 늘어납니다. 가장 바람직한 모습이죠.

험담과 비판을 좋아하는 사람

인간은 왜 타인을 공격하는 걸까요? 내가 세게 나가야 남이 자신을 얕잡아보지 않을 거라고 생각하기 때문입니다. 타인을 공격하는 행동의 이면에는 '내 가치를 재확인하고 싶다'는 욕구가 숨어 있습니다. 남을 공격하지 않으면 내 가치가 훼손될 거라 생각하는 나약한 마음이죠.

유독 거드름을 피우는 상사가 있다고 가정해봅시다. 인간이 고압적인 태도를 취하는 이유는, 심리 기법 중 하나인 '후광 효과 Halo Effect'를 누리기 위해서입니다. 권위나 권력, 재산 등 사회적으로 힘을 가진 사람에게는 누구도 함부로 덤비지 못하니까요.

이 거만한 상사는 일부러 고압적인 말투로 이야기함으로

써, 부하가 자신의 권력을 강하게 의식하게끔 만듭니다. "나 대단한 사람이야. 명심해!" 하고 무언의 압력을 계속 가하는 것이죠.

하지만 이런 태도는 오히려 스스로에게 얼마나 자신이 없는지를 드러내는 행동이기도 합니다. 가진 무기를 최대한 강조하는 것 말고는 자신을 지킬 방법이 없기 때문에 그렇게 행동한다고도 볼 수 있으니까요. 그럼 지금부터 상대의 자신감 부족을 자신에게 유리한 방향으로 활용하는 최고의 심리 전술을 살펴보겠습니다.

무조건 칭찬하기

제가 추천하는 첫 번째 방법은 '무조건 칭찬하는 것'입니다. 외모부터 능력, 옷차림까지 지위를 제외하고는 뭐든 괜찮습니다. 당신이 칭찬하는 바로 그 부분에 유독 자신이 없었다면, 상대의 가슴 깊이 파고들 겁니다.

그렇게 여러 차례 칭찬을 반복하면, 상대에게도 '이렇게 칭찬해주는데 왠지 미안한 걸' 하는 마음이 생깁니다. 더불어

'지금보다 고압적인 태도로 나가서 위축시키면 더 이상 나를 칭찬해주지 않겠지?' 하는 생각이 들어서, 당신을 대하는 태도가 점차 너그러워질 겁니다.

심지어 칭찬이 적중하면 '나도 보답할 겸, 뭐 도와줄 일은 없는지 물어볼까?' 하고 생각할 가능성이 큽니다.

칭찬은 잘하고 못하고가 없습니다. "○○ 부장님, 꼼꼼하게 가르쳐주셔서 정말 감사합니다" 하는 식으로 그 어떤 칭찬을 하든 좋습니다. 말하기가 어색하다면 우선 친한 친구나 동료를 상대로 연습해보세요. 칭찬은 선물이나 다름없습니다. 받는 사람은 기쁘고, 주는 사람도 기분이 좋아집니다.

잘 부탁하는 것으로 마무리

칭찬을 듣고 공격 의지를 상실한 상대를 내 뜻대로 움직이는, 장기로 말하면 상대의 말을 잡는 방법이 하나 있습니다. 바로 상대에게 당신이 진심으로 바라는 일을 전제로 한 질문을 던지는 것입니다.

예를 들어, 회사에서 큰 실수를 해서 거래처로부터 클레임이 들어왔다고 합시다. 이 때문에 상사에게 추궁당하는 장면을 상상해볼까요?

"부장님, 제가 실력이 모자라서 실수를 했습니다. 정말 죄송합니다(사죄). 부장님은 늘 요점만 딱 짚어서 말씀해주시니까 알아듣기 쉬워요(칭찬). 제발 가르쳐주시겠어요(부탁)? 이번 클레임 건은 어떻게 대처하면 좋을까요(질문)?"

마지막에 "어떻게 대처하면 좋을까요?"라는 질문을 하면서 최종 판단을 상사에게 넘기는 것이 핵심입니다. 앞으로 이 일로 거래처와 사이가 더 틀어진다고 하더라도 상사의 책임이라는 맥락이 생기는 겁니다. 물론 상사는 그 책임을 회피하려고 하겠지만 말이죠.

그럼에도 일단 칭찬을 받으면 기분이 좋아져서 '쉽게 책임을 떠맡으면 안 돼!' 하는 이성의 덮개가 벗겨지고 맙니다. 칭찬을 받은 기쁨으로 인해 '나도 이 사람을 도와줘야지' 하는 마음까지 생겨나는데, 이를 '동조 이론Conformity Theory'이라고 합니다.

한 가지 더 팁을 주자면, 질문을 할 때는 "어떻게?" 하고 애매하게 묻기보다는 둘 중에 하나를 고를 수 있는 질문이 좋습니다. "사과만 하면 될까요? 아니면 거래처의 요구대로 단가를 낮춰줘야 할까요?" 하고 대답하기 쉽게 물으면, 상사도 보란 듯이 당신의 술수에 걸려들 겁니다. 칭찬을 들은 뒤 기분이 들뜨게 되면, "그건 스스로 생각해야지!" 하고 딱 잘라 거절할 수 없을 테니까요.

아낌없는 사랑과 평화

이번 꼭지의 핵심을 간략히 정리하면 다음과 같습니다.

일단 사랑을 준다! 그다음, 해답을 두 가지 정도로 상세하게 제시한다!

이것이 바로 슈퍼 메소드, '사랑과 평화Love & Peace!' 전략입니다. 평화를 상징하는 브이V 사인을 만들 때도 손가락 두 개가 필요하잖아요. 상대의 마음이 풀어졌을 때 틈을 주지 말고 그가 대답하기 쉬운 질문을 던지세요. 그렇게 이중으로 덫을 치면, 상대의 마음이 조금씩 여러분 쪽으로 기울게 될 겁니다.

마침내 상대가 당신의 뜻대로 움직여준다면, 진심에서 우러나온 미소를 보내주세요.

까다로운 상대를 바꿔나가는 과정은 육아와 다름없습니다. 조바심내지 말고 차근차근, 두 사람 사이에 우호적인 분위기를 만들어가야 합니다.

얕잡아볼 때는
다수로 대응하기

어느 선이 더 길까?

10의 힘을 가진 사람이 8의 힘을 가진 상대를 쓰러뜨리려고 하면 자신도 피해를 입습니다. 하지만 가진 힘이 30이라면 상대도 애초에 덤벼들지 않겠죠. 이번에는 그렇게 만드는 방법을 살펴볼게요.

미국의 사회심리학자 솔로몬 애시Solomon Asch 교수는 다음과 같은 실험을 했습니다.

[문제] A, B, C 중 X와 길이가 같은 것은?

X ·························

A ·····························

B ························

C ·················

물론 정답은 B입니다. 여기까지는 누가 봐도 알 만한 내용이죠. 그런데 여기서 애시 교수는 실험 참가자 열일곱 명 중에 바람잡이를 한 명 끼워 넣었습니다. 나머지 열여섯 명은 진짜 실험 참가자였죠. 그리고 그 바람잡이는 일부러 답을 틀리기 시작했습니다.

문제가 워낙 쉬웠기 때문에 계속 틀리는 사람은 그 바람잡이뿐이었습니다. 과연 어떤 상황이 펼쳐졌을까요?

한 사람이면 고립된다

그 변화는 무척 명확하고, 또 잔혹했습니다.

처음에는 특별히 눈에 띄는 반응이 없었습니다. 하지만 바람잡이가 계속해서 여러 번 틀리자, 여기저기서 "푸훗", "킥 킥" 하고 웃는 소리가 들리기 시작했죠. 그리고 틀리면 틀릴 수록 웃음소리는 점점 커졌습니다. '저 사람 뭐지?' 하는 눈 으로 쳐다보는 사람도 늘었습니다. 결국엔 모두가 그 바람잡 이 한 사람을 비웃었습니다.

이것이 바로 한 사람을 따돌리는 심리입니다. 겉도는 한 사 람을 모두가 얕잡아보는 것이죠.

사람이 늘어나면 달라진다

여기서부터 이 실험의 진면목이 드러납니다.

애시 교수는 바람잡이를 세 명으로 늘렸습니다. 열일곱 명 중에 세 명이 계속 틀린 답을 말했죠.

그러자, 바람잡이가 한 명일 때와는 달리 나머지 실험 참가 자 전부가 그 세 명의 답을 진지하게 들어주기 시작했습니 다. "그러고 보니……", "흐음" 하면서 틀린 답을 존중하는 반 응까지 보였죠.

'세 명이 모이면 하나의 세력이 된다'고 했던가요? 정말 여럿이 모이니 아무도 얕잡아보지 않았습니다.

다들 그렇다고 하던데요?

공격당하지 않기 위해 공감해주는 사람을 택할 거라면, 반드시 두 명 이상은 만들기 바랍니다. 꼭 명심하세요.

그리고 누군가에게 반론을 제기하고 싶을 때는 전에 그 일을 언급한 사람이 있었는지 떠올려보세요. 친한 사람에게 미리 넌지시 말을 흘려두는 방법도 좋습니다.

그리고 나와 의견이 같은 사람이 있을 때는 "○○ 씨도 그렇다고 하네요"라고 이야기하세요. 그 사람이 모두가 속한 집단에서 권한을 갖고 있는 사람이라면 더 좋습니다. 그러면 굳이 입씨름을 하지 않아도 상대가 '그럼 맞는 말일 수도 있겠군' 하고 생각할 겁니다.

두 명 이상이 당신의 의견에 동의했다면, "다들 그렇다고 하던데요?"라고 말해보세요. '다들'이라는 말은 워낙 애매한

단어라 정확히 확인할 방법이 없죠. 또 다수가 그렇게 생각하는 듯한 인상을 풍기므로 효과가 좋습니다.

반드시 이기는 세 개의 화살

그럼 정리해볼까요?

무자비한 공격으로부터 자신을 지키고 싶다면, 평소에 여러분의 말에 공감해주는 사람을 만들어두세요. 두 명 정도가 바람직합니다. 그러기 위해서는 주위 사람들과 원활하게 소통하는 자세가 중요하겠죠.

그리고 공감해주는 사람이 나타나면 "○○ 씨도 그렇게 말하던데요?"하며 그의 이야기를 인용하세요. 이것이 바로 슈퍼 메소드, '세 개의 화살!' 전략입니다. 화살이 하나일 때는 약하지만, 세 개를 합치면 쉽게 부러지지 않습니다.

누군가가 당신의 의견을 지지하고 있다는 사실을 알게 되면, 상대는 심리적으로 위축됩니다. 또한 '다른 사람도 그렇게 말했다'라는 형태를 띠기 때문에, 상대가 직접적으로 패배감을 느끼지 않는다는 것도 장점이죠. 결과적으로 상대가 고

'그러면 맞는 말일 수도 있지'
하고 묘하게 고개가 끄덕여진다.

집을 부리지 않고 당신의 의견을 순순히 받아들일 확률이 높아집니다.

어떻게든 말싸움에서 이기기 위해 상대를 물고 늘어지기보다는 주위 사람들을 방패삼아 슬며시 이야기하는 편이 훨씬 현명한 방법입니다.

비아냥거림엔 천진난만하게

농담 같은 악담들

"혹시 거북이 같다는 말 자주 듣지 않아?" 이렇게 누군가가 당신에게 살짝 열 받을 만한 농담을 던졌다고 가정해봅시다. 어떻게 대답해야 가장 좋을까요?

① "사돈 남 말 하시네요."
② "죄송합니다."
③ "그게 무슨 뜻이죠?"
④ 아무 반론도 하지 않는다.

여러분이라면 몇 번을 고르겠습니까? 그럼 해설을 시작해 보죠. 실제 우리 주변에는 이 사례에 등장하는 사람처럼 기분 나쁘게 비아냥거리며 '농담 같은 악담'을 하는 사람이 많습니다. 너무 직설적으로 말하면 상대가 기분 나빠할까 봐 일부러 다른 것에 빗대서 얼버무리는 겁니다.

그런 말을 들은 사람은 '무슨 뜻이지? 설마……?' 하고 스스로 생각하게 되는데, 이를 '자기 설득 효과'라고 합니다. 문제는 스스로 생각해서 답을 찾으면 상대로부터 직접 악담을 들었을 때보다 훨씬 큰 상처를 받는다는 것이죠. 따라서 누군가가 농담 같은 악담을 퍼부었을 때 ④번처럼 아무 반론도 하지 않는 방법이 가장 나쁜 선택입니다. 마음속으로 몇 번이고 곱씹게 되기 때문입니다.

그렇다고 "사돈 남 말 하시네요"라며 반격하는 것도 그리 좋은 방법은 아닙니다. 가는 말이 고와야 오는 말도 고운 법이죠. 괜히 도발했다가 나중에 후회할 일이 생길 수도 있으니 신중해야 합니다.

물론 "죄송합니다"라고 말해서도 안 됩니다. '아, 이 사람은 내 말을 인정하는군.' 하면서 상대가 이러쿵저러쿵 더 많은 말을 쏟아낼 테니까요.

그게 무슨 뜻이에요?

독일의 심리학자 바바라 베르크한 Barbara Berckhan은 상처가 되는 말을 들었을 때 이렇게 대처하라고 조언했습니다.

"누가 악담을 하면 '그게 무슨 뜻이에요?'라고 물어라."

무슨 말이든 그 뜻을 생각하고 이해하는 데는 노력이 필요합니다. 악담을 하는 사람에게까지 아까운 노력을 쏟을 필요는 없겠죠. '나한테 뭔가 안 좋은 말을 하고 있구나'라는 생각이 들면, 일단 그 생각을 멈추세요. 굳이 말뜻을 곱씹어보지 않아도 말투나 분위기에서 대충 묻어날 겁니다.

그리고 '당최 무슨 말인지 모르겠네' 하는 식으로 시치미를 떼면서 "네? 그게 무슨 뜻이에요?" 하고 천진난만한 표정으로 물어보세요.

그러면 상대는 자기가 내뱉은 말이기 때문에 어떻게든 설명을 해야 합니다. 그 뜻이 뭐가 됐든 타인이 알아듣기 쉽게 설명하기란 꽤 어려운 일이죠. 그것만으로도 기세는 꺾이게 마련입니다. 더구나 진지하게 설명하기 시작하면 자신이 내뱉은 말이 '명백한 악담'이라는 게 증명됩니다. 솔직하게 말할 용기가 없어서 농담처럼 얼버무린 사람이기 때문에 틀림없이 당황하게 되겠죠.

거의 대부분의 사람은 "으음…… 아니야, 됐어" 하고 꽁무니를 뺄 겁니다. 그러고 나면 그 사람이 당신에게 같은 말을 다시 하게 될 가능성이 사라집니다.

물론 "뭐? 말 그대로야", "스스로 생각해보는 게 어때?" 하고 대꾸하는 사람도 있을 순 있습니다. 하지만 그럴 때도 "죄송해요. 도저히 모르겠는데 가르쳐주실래요?"라고 말하면, 두 손 두 발 다 들 겁니다.

그래서 앞서 제시한 문제의 정답은 ③ "그게 무슨 뜻이죠?" 입니다.

다시는 함부로 말하지 못하게

이 방법은 무례한 사람으로부터 성희롱에 해당하는 발언을 들었을 때도 유용합니다.

"○○ 씨, 요새 잠자리 컨디션은 어때?"

이런 말을 들었을 때도 똑같이 "네? 그게 무슨 뜻이죠?" 하고 물으세요. 똑 부러지게 설명할 수 있는 사람은 아마 없을 겁니다. 있다면 정말 용기 있는 사람이겠죠. 설사 상대가 천연덕스럽게 명확히 설명한다 해도 '설마 직장에서 저런 말을 할 리가 없어' 하는 식으로 도저히 모르겠다는 듯 "그게 무슨 뜻인지?" 하면서 반복해서 질문하면 됩니다.

'무슨 말인지 알아들어서 도저히 모르는 척 할 수가 없다'며 진지하게 고민할 필요도 없습니다. 그냥 아무 생각 말고 "그게 무슨 뜻이죠?"라고 말하면 그만이니까요. 그러면 상대도 당신이 화내고 있다는 사실을 알아챌 겁니다.

상대가 스스로 깨우친다는 점에서 이 역시 자기 설득 효과에 해당합니다. 자신이 듣는 사람의 심기를 건드렸다는 사실을 알고 나면, 더는 말을 보태기가 힘들어지죠.

이 방법은 여성은 물론이요 남성들도 기억해두면 좋습니다. 보통 남성은 여성의 말을 공격으로 받아들이는 경향이 있습니다. 여성들은 그러한 사실을 모르기 때문에 의도치 않게 남성들에게 상처가 되는 말을 할 때가 있죠. 그럴 때도 어김없이 "그게 무슨 뜻이죠?" 하고 물으세요. 상대 여성은 자신이 내뱉은 말을 곱씹어보고, 다시는 아무 생각 없이 상처 주는 말을 하지 않을 겁니다.

또한 이렇게 질문한 뒤 상대가 무슨 뜻으로 그 말을 했는지 정확한 설명을 듣고 나면, 그것이 그저 당신을 공격하기 위해서가 아니었다는 사실을 알게 될 수도 있습니다. 이처럼 질문은 상대가 진짜 의도한 말의 의미를 파악하는 계기를 만들어줍니다.

상대의 지식이
고갈될 때까지

그런 것도 몰라?

온갖 정보가 흘러넘치는 현대사회에서 '무언가를 모른다' 는 것은 놀라울 정도로 활용하기 쉬운 공격 재료입니다.

여러분이 병원에 다니는데, 어느 날 담당의가 바뀌었다고 가정해봅시다. 그 의사에게 지금까지 복용했던 약의 명칭을 대면서 "무슨 약인지 아세요?"라고 물었는데, 그가 "잘 모르 겠네요"라고 대답했습니다. 그러면 내심 '이 의사, 믿어도 되 려나?' 하는 의심이 들지 않을까요?

굳이 전문직이 아니라고 해도 마찬가지입니다. 당신의 친구가 "미국 대통령이 누구더라?" 혹은 "오스트레일리아가 헝가리 옆에 있는 나라지?"라고 묻는다면 어떨까요?

그 사람이 만화책에서 갑자기 툭 튀어나온 사람처럼 뛰어난 외모를 가졌다면야 '의외로 귀여운 구석이 있네?' 하며 웃어넘길지 몰라도, 대개는 얕잡아보게 되겠죠. 이처럼 너무 상식적인 것을 모를 경우 호감이 반감되고, 주위 사람들에게 부정적인 인상을 남길 수 있습니다.

하나가 모든 것을 바꾼다

여기서 잠깐 짚고 넘어가겠습니다. 무언가를 모른다는 것이 그렇게 한 사람의 이미지에 치명타가 될 만한 일일까요? 설사 지금의 일본 총리가 메이저리그의 야구선수인 스즈키 이치로 선수를 모른다고 해도 그것이 그의 정치력에 흠이 될 만한 문제는 아닙니다. 또 의사라고 해서 시중에 나와 있는 모든 약의 이름을 알고 있을 수도 없죠. 자신의 전문 분야가 아니라면 잘 모르는 것이 지극히 당연합니다.

하지만 사람들은 결코 그렇게 생각하지 않습니다.

앞에서도 이야기했지만, 심리학에는 '연합의 법칙'이라는 게 있습니다. 어떤 것에서 좋은 점이든 나쁜 점이든 하나를 발견하면, 다른 부분까지 같은 이미지로 굳어지는 현상을 말합니다. 일명 '며느리가 미우면 손자까지 밉다' 법칙이죠. 어떤 아이돌 그룹에서 한 사람이 마약 소지 혐의로 붙잡히면, 다른 멤버들까지 '왠지 그래 보이는' 현상도 연합의 법칙 때문이라고 할 수 있습니다.

이는 지식에 대입해도 마찬가지입니다. '이 정도 지식도 없다니 지적 수준이 엄청 낮다는 뜻 아니야? 그렇다면 무슨 일을 맡겨도 망칠 게 뻔한데?' 하면서 타인을 터무니없을 정도로 낮게 평가하게 되는 겁니다.

때때로 인간의 마음속 논리는 놀라울 정도로 허술합니다. 하지만 비교적 짧은 인생을 살아가는 인간에게는 모든 일을 객관적으로 정확하게 따져보고 판단할 시간이 부족합니다. 바쁜 와중에 최선을 다해 습득한 것이 바로 '허술하게나마 판단을 내리는 능력'일지도 모르겠습니다.

백전백패하는 공격 무기

결국 인간은 상대가 무언가에 대해 모를 때 무척 얕잡아보게 됩니다. 그리고 "그런 것도 몰라?"라는 말을 들었을 때는, 상대가 자신을 얕잡아볼 거란 사실을 본능적으로 알게 되므로 강한 열등감에 사로잡히게 됩니다.

어떤 회의가 열렸다고 가정해봅시다. 거기서 한 사람이 세운 기획을 폐기하는 방법은 간단합니다.

"자네 말이야, 기획은 좋은데 혹시 우리 회사 예산(혹은 규모, 타깃 등등)은 알고 있나?"
"모, 모르겠습니다……."
"그것도 모르면서 이런 계획을 세웠단 말이야?"

설사 그 사람이 세운 기획과 질문자가 물어본 내용에 직접적인 연관이 없다고 해도 마찬가지입니다. 일단 "모르겠다"라고 대답한 사람은 풀이 죽게 되고, 주위 사람들도 덩달아 '그건 그렇네'라고 쉽게 생각하게 됩니다.

이번에는 여러분이 평소 마음에 두었던 이성에게 좋아한다고 고백하는 장면을 상상해보세요. 그런데 절절한 고백을 들은 상대가 당신에게 이렇게 말합니다.

"너, 내가 좋아하는 색깔이 뭔지 알아?"
"······ 응?"
"그것 봐. 말로는 좋아한다고 하면서, 내가 어떤 사람인지는 잘 모르잖아."

이 같은 말을 듣는다면 대부분의 사람은 입을 다물게 되겠죠. 하아, 오래전 입었던 마음의 상처가 욱신욱신 되살아나네요. 사실 상대가 어떤 색깔을 좋아하는지 아는 것과 내가 그 사람을 좋아하는 마음과는 직접적인 연관이 없습니다. 하지만 고백한 입장에서는 상대가 너무나 당연한 듯 말하니 '그러게, 듣고 보니 그렇네'와 같은 생각이 들어 의기소침해질 수밖에 없죠.

이처럼 "그것도 몰라?"라는 말은 정보가 곧 힘이 되는 요즘 같은 시대와 딱 맞아떨어지는 가장 강력한 공격 비법인 셈입니다.

이 강력한 공격을 물리치려면 어떻게 해야 할까요?

가르쳐주시겠어요?

"그것도 몰라?"라는 공격을 방어하는 단 하나의 마법은 바로, "가르쳐주세요!"입니다. 무슨 일이 있어도 '알지 못한다'라는 이야기로 끝맺으면 안 됩니다. '못한다'라는 부정어를 사용하면, 스스로가 사기를 떨어뜨리는 결과로 이어집니다.

'안다' 혹은 '모른다'라는 두 가지 선택지에서 한발 더 나아가, '가르쳐달라'는 부탁으로 화제를 옮기는 것이 핵심입니다.

인간은 남이 모르는 무언가를 가르쳐주는 행위를 통해 무엇보다 강한 쾌감을 느낍니다. 특히 남이 모르는 무언가가 상식에 속할 만한 지식이라면 더욱 그렇죠. 별로 대단한 지식이 아니라고 생각하는데, 상대가 존경어린 눈빛으로 가르쳐달라고 하면, 그 기쁨은 이루 말로 다 표현할 수 없을 정도로 커집니다.

인간은 기분이 좋아지면 상대를 더욱 친근하게 느낍니다.

이 또한 연합의 법칙이죠. 상대의 의사와는 상관없이 자기 기분에 따라 호감을 느끼는 것이니까요. 어찌 됐든 "그것도 몰라?" 공격을 물리치는 가장 강력한 대사가 "가르쳐주시겠어요?"라는 점을 꼭 명심하세요.

들어본 적은 지금, 있다

만약 무턱대고 가르쳐달라고 하기가 망설여진다면, "들어본 적은 있는데 자세히 모르겠어요. 가르쳐주실래요?"라고 말해보세요. 지금 그 순간에 처음 들었다고 해도 들은 적이 있는 것이니 절대 거짓말이 아닙니다. "자세히 모른다"는 말도 사실이고요.

솔직히 말하자면 대충도 모르지만 어쨌든 자세히 모르는 건 맞잖아요? 서론은 가볍게 마무리하고 '가르쳐달라'는 말에 무게를 실어야 합니다.

예상 못 한 최후의 일격

그렇게 해서 상대가 관련 정보를 가르쳐주면, "우와, 정말 대단하네요. 진짜 많이 아시는군요!" 하면서 순수하게 감동받은 말투로 상대를 칭찬해주세요.

상대는 '그, 그런가?' 하며 어리둥절해 하겠죠. 사람은 누구나 남들보다 자신이 뛰어나길 바랍니다. 특히 남에게 "그것도 몰라?"라는 식으로 말을 내뱉는 사람은, 자신이 남보다 더 뛰어나고 싶다는 욕구를 채우고 싶어 안달이 난 사람입니다. 그런 사람은 칭찬받으면 그 욕구가 채워지기 때문에 더 이상 남을 공격하려 하지 않습니다.

끈질긴 사람에게는 연타로

하지만 그럼에도 불구하고 "그건 상식이잖아. 정말 몰랐어?" 하면서 끈질기게 들러붙는 사람이 있습니다. 그럴 때는 과감하게 반격하세요.

가르쳐달라고 하면서 "그렇군요. 그럼 이런 상황에서는요?", "이런 거는 뭔데요?" 하는 식으로 연속해서 질문을 퍼부으면 됩니다.

상대	"응? 헌법 제9조도 모른다고?"
나	"뭐더라? 가르쳐줘."
상대	"'전쟁 포기' 조문이잖아. 정말 몰라?"
나	"그래? 너 정말 똑똑하다. 그런데 헌법은 전체 몇 조까지 있어?"
상대	"응? 그건⋯⋯."
나	"그럼 9조 말고는 어떤 조문이 있는데?"
상대	"그게⋯⋯ 나도 잘 모르겠어."
나	"으음, 그렇구나."

이렇게 질문을 퍼붓다 보면 머지않아 상대가 '모르는' 상태에 빠지게 되겠죠. 적이 눈치채지 못하는 사이에 공수攻守가 뒤집힌 겁니다. 어린아이처럼 순수한 얼굴로 질문을 퍼부으면서, 천천히 상대의 숨통을 조이는 기술이죠.

냉정하게 되받아칠 때

"가르쳐주실래요?"라고 할 때, "스스로 알아보지 그래?" 하고 차갑게 되받아치는 사람도 더러 있습니다. 이럴 때는 울컥하죠. 그때 이렇게 말해보세요.

"알겠습니다. 어디서 찾아보면 될까요?"

그런데 상대가 앞에서처럼 "다른 사람한테 물어봐"라고 하면, "누구한테 물어보면 되는데요?"라고 되물으세요.

이번에도 타개책은 역시 질문입니다. 질문을 퍼붓다 보면 언젠가는 상대의 말문이 막힐 테니까요. 나 대신 상대가 '모르는' 상태에 빠지게 되므로 결국 관계가 역전됩니다.

발목을 붙잡혔을 때

앞에서 살펴봤던 회의 상황에 질문 공격을 대입해볼까요?

상사가 "자네 말이야, 기획은 좋은데 혹시 우리 회사의 예산은 알고 있나?" 하면서, 씩씩하게 이야기를 진전시키고자 하는 당신의 발목을 잡았다고 가정해봅시다.

그런 사람에게는 "자세히는 모릅니다. 괜찮으시면 가르쳐 주시겠습니까?"라고 말하면, 먼저 이야기를 꺼낸 체면이 있기 때문에 대답할 수밖에 없습니다. 그러면 어느새 시험 당하는 사람이 상사가 되죠.

또한 당신이 던진 지극히 마땅한 질문에 상사는 초조함을 느끼게 될 겁니다. 상사라면 부하가 잘 모른다고 비웃기보다 지식을 전수하고 지원하는 역할을 해야 한다는 사실을 알고 있을 테니까요.

일단 비판은 제쳐두고라도, 일을 긍정적으로 진행할 마음이 있는지 없는지를 따지는 수준 높은 질문으로 반격해보세요. '관련 지식이 있는지 없는지'를 따지는 협소한 관점을 '앞으로 나아갈 마음이 있는지 없는지' 같은 넓은 관점으로 바꾸기만 해도, 전세가 한순간에 뒤집힙니다.

주위 사람들 눈에도 당신의 어른스러운 대답에 비해 상사의 공격이 유치하게 비칠 겁니다. 가끔 상사를 골탕 먹인다고 해서 천벌을 받지는 않을 테니, 너무 걱정하지 마세요.

웃으며 위협하는
더블 바인드 마법

상대를 혼란에 빠뜨리는 메시지

혹시 '더블 바인드Double Bind'라는 말을 들어보셨나요? 이는 영국 태생의 생물학자이자 정신의학자인 그레고리 베이트슨Gregory Bateson이 제창한 이론으로, 말 그대로 '이중으로 구속한다'라는 뜻입니다.

만일 누군가가 당신에게 "이 일을 하면 10만 원을 줄게"라고 한다면, "응, 할게" 혹은 "그까짓 돈 받고는 못 해" 하면서 바로 태도를 결정할 수 있습니다. 반대로 누군가가 "그 일을

하면 때릴 거야"라고 말한다면 "네가 그렇게까지 싫다면 하
지 않을게"라고 확실하게 당신의 의사를 결정할 수 있겠죠.

그런데 이런 건 어떻습니까?

"이 일을 하면 10만 원을 줄게. 하지만 때릴 거야."

어떻게 해야 할지 쉽게 판단이 서지 않겠죠? 이것이 바로
더블 바인드, 이중 구속입니다.

인간은 이처럼 두 가지 상반된 메시지를 동시에 받았을 때
무척 당황합니다. '이 사람의 본심은 무엇일까?' 하면서 상대
의 행동 하나하나에 신경이 곤두서게 되지요. 그 결과, 자신
의 마음을 전부 지배당하게 됩니다.

등골이 서늘해지는 미소

이 더블 바인드는 평범한 연애에도 적용할 수 있습니다.
한 남자가 바람을 피우다가 연인에게 딱 걸렸습니다. 불벼
락이 떨어질 게 분명하다며 벌벌 떨면서 여자에게 묻습니다.

남자 자기야, 화 많이 났지?

여자 화 안 났어(빙긋).

엄청 섬뜩하게 느껴지겠죠? 그러면서도 연인이 왜 그러는지 정말 신경 쓰이지 않을까요?

남자 응? 화난 게 아니라고? 자기야, 왜 그래?

그 결과, 연인이 화를 낼 때보다 더 등골이 오싹해진 남자는 '안 되겠다. 다시는 바람 피우지 말아야지' 하고 생각하게 될 겁니다.

더블 바인드와 조현병

이처럼 더블 바인드는 강력한 효과를 발휘하는 기술입니다. 그레고리 베이트슨 박사는 이 더블 바인드와 조현병 발생의 연관 가능성을 제기하기도 했습니다.

한 엄마가 아이에게 입히려고 옷 두 벌을 샀다고 가정해봅시다. 그리고 아이에게 옷을 건네며, 이렇게 말합니다.

"네가 맘에 드는 옷으로 골라 입으렴."

아이는 기뻐하며 한 벌을 고르겠죠. 그런데 그 순간, 엄마가 이렇게 말합니다.

"으음……, 그럼 나머지는 싫다는 거니?"

오싹하지 않나요? 잠깐 상상하는 것만으로도 섬뜩한데, 아이는 얼마나 무서울까요. 맘에 드는 옷을 고르라고 해서 골랐을 뿐인데 신경질을 내는 모순. 어떻게 해야 할지 몰라 아이는 당황할 겁니다.

또 다른 예도 있습니다. 날이면 날마다 공부하라며 잔소리하던 엄마가 어느 날, 아이에게 이렇게 말했습니다.

"오늘은 뭐든 너 하고 싶은 것을 하렴."

아이는 맘껏 놀았습니다. 그러자 엄마가 이렇게 말합니다.

"으음……, 그게 네가 하고 싶은 거로구나?"

반대로 아이가 공부했을 때. 엄마는 이렇게 말했습니다.

"너 하고 싶은 거 하라고 했잖아!"

어느 쪽이든 아이는 아무것도 하지 못하게 될 겁니다. 항상 엄마의 눈치만 살피겠죠. 베이트슨 박사는 엄마가 저런 행동을 반복할 경우 아이가 정신적으로 불안정해져서 마음의 병을 앓게 되지 않을까 생각한 겁니다.

평소와 다른 약간의 양념

직장에서 사람을 대할 때도 마찬가지입니다. 상사가 당신에게 지극히 불합리한 지시를 내릴 때 머리를 감싸고 곤혹스러운 듯한 자세를 취하면서 "네, 알겠습니다. 지시대로 하겠습니다" 하고 빙긋 웃어보세요. 그렇게만 해도 상사의 마음에 적잖은 동요가 일어날 겁니다.

당신이 곤혹스러워하는 표정을 지었으니 반발하거나 말대꾸할 거라 예상했는데, 웃으며 수긍하니 오히려 '정말 괜찮은 것 맞나' 싶어져 안절부절못하게 되는 것이죠.

이것이 바로 슈퍼 메소드, '플러스 마이너스 양념!'

상대의 마음을 뒤흔들고 싶을 때는 +와 − 감정을 동시에 보여줘야 한다는 것을 명심하세요.

본심과 엇갈린 대답

고등학교 시절, 열차를 타고 유럽을 여행한 적이 있습니다. 유럽 대륙을 횡단하는 장거리 열차는 보통 한 칸에 네 개의 좌석이 있습니다. 그중 한 자리에 앉아 있는데, 아름다운 여성이 다가와 제 앞의 빈자리를 가리키며 "두 유 △×&*$#?" 하고 묻더군요.

영어 듣기 실력이 형편없는 탓에 그녀의 말을 정확히 알아듣지는 못했지만, 의자를 가리키는 손짓이나 분위기로 봐서는 "앉아도 되나요?"라고 묻는 것이 틀림없었습니다. 그것 말고는 생각하기 힘들었죠.

물론, "여기 앉아서 당신과 이야기를 나눠도 될까요?" 같은 꿈같은 이야기를 했을 가능성도 전혀 없다고는 할 수 없겠죠. 어느 쪽이든 거절할 이유는 없었기 때문에, '물론 괜찮습니다! 앉으세요!'라는 마음을 담아서 "예스Yes!"라고 대답했습니다.

그 순간이었습니다. 아름다운 여성은 무척 미심쩍은 얼굴로 저를 몇 초 동안 바라보더니, 이내 눈살을 찌푸리며 자리를 떴습니다. 여성의 서늘한 반응에 오금이 저리고, 전혀 예상치 못한 상황에 소리라도 지르고 싶은 심정이었습니다.

'뭐야? 왜 저러지?'
곰곰이 생각하던 저는, 나중에서야 그 이유를 알았습니다.

그 여성은 아마도 "두 유 마인드 이프 아이 싯 히어Do you mind if I sit here?" 하고 물었을 겁니다. 직역하면, "제가 여기 앉으면 맘에 걸릴 것 같으세요?"입니다.

그러니 바람직한 대답은 "노, 아이 돈 마인드No, I don't mind." 즉, "아니요, 괜찮습니다"가 되겠죠.

그런데 저는 방긋거리며 "네, 맘에 걸릴 것 같네요!"라고 말하며 정말 환하게 웃었던 거죠. 얼마나 모순적이었을까요.

남들보다 큰 저의 목소리가 새삼 원망스러웠습니다. 심리학까지 파고들 필요도 없이, 저는 그 일을 통해 제가 얼마나 모순으로 가득 찬 존재인지 실감했습니다. 일단 영어 듣기 실력부터 키워야겠습니다.

6장

할 말은 하면서도
좋은 사람으로 남는 법

반격에 성공했을 때
선을 지켜라

강해졌을 때 자제하기

이제까지 우리는 강적에게 맞서는 다양한 반격술에 대해 알아봤습니다. 아마 속는 셈 치고 따라 해봤다가 그럭저럭 괜찮은 반응을 얻은 사람도 있을 겁니다.

하지만 핵심은 지금부터입니다.

아무리 싸움에 익숙해졌다고 해도, 무조건 상대를 곤죽이 되도록 때려눕혀서는 안 됩니다. 지나치게 복수심을 불태우면서 '이번 기회에 철저히 밟아줘야지!' 하면서 욕심을 부리지 않기를 바랍니다. 당신이 인정사정없이 밀어붙이는 것이 오히려 상대에게 새로운 공격의 기회를 제공하는 결과를 가져올 수 있기 때문입니다.

도망칠 구멍은 만들어주라

심리학 용어 중에 '방어기제'라는 말이 있습니다. 인간은 스트레스를 받으면 어떻게든 그것을 해소하려고 합니다. 예를 들어, 누군가가 나의 실수를 지적하면 그것이 명백한 사실이라고 해도 무척 부정적인 감정에 빠지게 마련입니다. 중요한 것은 그 감정이 어디로 향하느냐겠죠.

부정적인 감정을 나 자신이 성장하는 방향으로 발산하면 가장 좋겠지만, 그럴 수 있는 사람은 그리 많지 않습니다. 결국 자신의 실수를 지적한 사람에게 쏟아낼 확률이 꽤 높죠.

실수는 자기가 해놓고 왜 그걸 바로잡아주려는 사람에게 되려 화풀이냐 싶겠지만, 그게 사람 마음입니다. 스트레스를 혼자 감당하기 너무 힘드니까 그렇게라도 해서 자신을 방어하려는 것이죠. 누군가가 내 실수를 지적하면, 대다수의 사람은 이런 생각을 합니다.

'다른 사람들이 모두 보는 앞에서 그런 일로 지적하다니!'
'꼭 저런 식으로 말해야 했나?'
'내가 잘못한 건 알겠는데, 그렇게 콕 집어서 말할 필요는 없잖아!'

이런 식으로 지적한 사람을 어떻게든 나쁜 사람으로 만들어 스트레스를 해소하려고 시도하는 겁니다. 적반하장이라고 해야 할까요? 그러니 이럴 때 너무 호되게 반격하면 상대가 온 힘을 다해서 맹공을 퍼부을 가능성이 있으므로 늘 주의해야 합니다.

어린아이도 정색할 줄 안다

적반하장이라고 하니 생각나는 일화가 있습니다. 예전에 길을 걷고 있는데, 세 살짜리 아이가 엄마와 함께 지나가더군요. 하필 그때, 아이가 자신의 옷에 오줌을 쌌는지 엉엉 울기 시작했습니다. 그러자 엄마가 이렇게 말했죠.

적반하장 주의!

"그만 뚝! 오줌을 싼 사람은 너잖아?"

대단하다는 생각이 절로 들었습니다. 오줌 싼 사람은 나. 그야 그렇죠. 달리 누가 있을까요. 다른 사람이 오줌을 쌌다고 우는 사람이 있긴 할까요. 마치 'A=A'처럼 당연한 일을 굳이 말로 못 박는 엄마의 논리는 훌륭했습니다. 제가 그 아이였다면 반론하지 못했을 겁니다. 그런데 갑자기 아이가 이렇게 말하는 게 아니겠어요?

"나 아니야!"

'아니, 너 맞아.' 저는 속으로 정색하면서 반박했습니다. 그처럼 당당한 적반하장, 저도 배우고 싶네요.

말싸움 뒤
바람직한 결과를 얻으려면

싸우고 나서 친해진다?

반격술을 익히고 나면 일상에서 받는 스트레스가 전보다 훨씬 줄어듭니다. 하지만 이대로는 뭔가 부족한 듯싶을 거예요. 싫은 사람을 쫓아버렸다 해도 굳이 따지면, 마이너스였던 상황을 원점으로 되돌려놓은 것에 지나지 않으니까요.

원점에서 한발 더 나아가 플러스가 되게 할 수는 없을까요? 그렇게 하려면 내가 먼저 주위 사람들과 좋은 관계를 쌓아나가려고 노력해야 합니다.

어떻게 해야 하냐고요? 당신의 생각을 상대에게 성의 있게 전하면 됩니다. 살다 보면 서로 악의가 없어도 입장이나 가치관의 차이 때문에 말싸움이 벌어질 때가 있습니다. 그럴 때, 여러분은 상대에게 상처 주지 않으면서도 자신의 생각을 정확하게 전달할 수 있나요? 그래야만 진정한 의미에서 누구와의 문제도 잘 헤쳐나갈 수 있는 소통 능력을 갖췄다고 말할 수 있습니다.

인터뷰어처럼

대화가 말싸움으로 번질 것 같은 순간. 그럴 때는 우선 상대의 이야기를 들어주는 것이 가장 중요합니다.

상대가 좀 따지고 드는 듯해도, '저건 나한테 하는 말이군'과 같은 생각을 잠시 떨쳐버리세요. 대신 자신이 인터뷰어가 되어 상대를 인터뷰하는 것처럼 이야기를 들어주면서, "그랬구나", "응, 응" 하면서 감싸 안는 겁니다. 그렇게만 해도 상대의 마음이 눈에 띄게 누그러집니다. 또한 여러분도 최대한 냉정하게 상대의 주장을 가려서 들을 수 있게 되죠.

마음을 움직이는 전달법

그렇게 상대의 이야기를 들어줬다면, 이번에는 여러분의 차례입니다.

우선 여러분의 주장을 "난 ○○라고 생각해"라고 말해보세요. 입을 열자마자 "넌 진짜 아무것도 모르는구나", "너도 냉정하긴 마찬가지야"라는 식으로 상대를 비난하거나 단죄하는 방법은 좋지 않습니다.

인간은 누군가가 마치 자신을 모두 아는 것처럼 굴 때 화가 치밀어 오릅니다. 나 자신도 나를 100% 파악하고 있지는 않으니까요. 오히려 아직 발견하지 못한 부분이나 잠재된 재능이 언젠가 꽃피울 것이라 믿기 때문에 미래에 대한 희망을 가질 수 있죠. 그럴 때, 내가 아닌 다른 사람이 "넌 이게 다야!" 하면서 제멋대로 단언한다면 기분이 어떨까요?

정말 특이한 사람이 아니고서야 '네가 뭘 안다고 그런 말을 해?' 하고 욱할 겁니다. 특히 상대가 나를 부정적으로 규정했다면 그 분노가 하늘을 찌르겠죠. 아무리 여러분이 옳은 말을 했다고 해도, 상대는 무조건 공격으로 받아들입니다. 그래서 다음 이야기는 들어보려고도 하지 않겠죠.

상대를 비판하기보다는 문제로 거론되고 있는 사실에 대해 당신이 어떻게 생각하는지, '감상'이라는 틀로 전달하는 방식을 익히기 바랍니다.

인격보다 행동 언급하기

대화가 말싸움으로 번질 것 같을 때 상대의 행동을 구체적으로 언급하면, 분위기를 진정시키는 데 효과가 있습니다.

"나한테 더 잘해줘!" 혹은 "여자답게 행동해!" 같은 말은 상대에게 아무런 영향도 주지 못합니다. 구체적으로 어떻게 해야 할지 알 수 없기 때문이죠.

강아지와 고양이에 빗대서 생각해보세요. 이들에겐 "사람을 물면 안 돼!" 혹은 "사료를 흘리지 마!"같이 구체적으로 일일이 말해줘야 알아듣습니다.

"모범적인 강아지가 돼야지!" 같은 말을 "멍! 멍!" 하면서

뭘 어쩌라는 거죠?

이해할 강아지는 없습니다. 있다면 오히려 무섭겠죠.

진짜 하고 싶은 말

사실 사람도 마찬가지입니다. 생각해보세요. 그 사람에게 서운한 마음이 드는 이유는 무엇일까요? 반드시 '어떤 행동' 이 있었기 때문입니다.

'내가 고민을 털어놨는데 제대로 들어주지 않았어.'
'문자를 보냈는데 사흘이나 답장이 없었어.'

여기서 핵심은 그 행동을 콕 집어서 말하는 것입니다.

"고민을 털어놨는데 제대로 안 들어줬잖아. 내가 얼마나 슬펐는지 알아?"
"문자를 보냈는데 사흘이나 답장이 없어서 서운했어."

이렇게 행동을 구체적으로 언급해 이야기하면, 상대는 정말 순순히 '아차, 내가 그랬구나!' 하고 깨우칠 겁니다.

말싸움이 끝난 후

마지막으로 말싸움이 끝난 후에는 무조건 "심하게 말해서 미안해"라고 말하세요. 도무지 미안하다는 생각이 들지 않는다고 해도 꼭 말해야 합니다. 아무리 몸에 좋은 약이라도 입에 계속 쓴 맛이 남아 있다면 이내 기분이 나빠져서 뱉고 싶어지겠죠. 사람의 마음도 그와 마찬가지입니다.

말싸움을 할 때든 어떤 말을 듣든 괴롭죠. 하지만 포근하고 따뜻한 말로 마무리하면, 기분이 한결 나아집니다. 그렇게 되면 여러분의 말이 상대에게 더 쉽게 스며들 겁니다. 말로 하기 힘들면 문자를 보내도 상관없습니다. 말싸움이 끝난 후에는, 설사 그렇게 생각하지 않더라도 말하세요.

"심하게 말해서 미안해."
꼭 기억하세요.

관계가 좋아지는 싸움

이번 이야기를 한 줄로 정리해봅시다.
좋은 방법으로 싸우면 사이가 더 돈독해진다!

그러기 위해서는 다음 세 가지를 하세요.

상대의 이야기를 듣는다!

상대가 어땠는지 내 감상만 말한다(감상의 대상은 행동)!

"심하게 말해서 미안해"라고 말로든 문자로든 표현한다.

말싸움할 때 꼭 활용하세요.

정말 내 주위에는
적뿐인 걸까?

너무 과민해지지 말 것

우리에게 주어진 인생을 정말 나답게 그리고 평온하게 살아가려면, 부당한 공격에 맞서는 힘을 꼭 길러야 합니다. 이를 위해 지금껏 구구절절하게 노하우를 전수해드렸죠.

하지만 그 힘이 지나치게 커지면 어떻게 될까요? 상대의 사소한 태도를 트집 잡거나 말꼬리를 물고 늘어지면서 '이 사람이 지금 날 공격하는 건가?', '저 녀석한테 반격할까?' 하며 주위 사람들을 지나치게 적대시하게 될 수 있습니다.

아무리 목에 핏대 세워가며 반론을 해도, 사람은 결국 남의 험담을 하게 됩니다. 여러분도 누군가를 욕하고 싶을 때가 있잖아요. 그러니까 악담 한마디 없는 쾌적한 환경이 만들어 질 거라고 꿈꾸지 마세요. 가끔씩 다른 사람과 다투기도 하는 세상이 오히려 건전하니까요.

씻는다고 균이 완벽하게 사라질까?

뜬금없지만 저의 대학 시절 이야기를 잠깐 하겠습니다. 수술 실습을 하던 그 때를 전 지금도 또렷하게 기억합니다.

의사들은 수술실에 들어가기 전, 우선 전용 수세미에 세정 비누를 묻혀 양손을 '슥삭슥삭 슥삭슥삭' 하며 한참이나 닦습니다. 모두 씻은 뒤에는 손이 아무 데도 닿지 않도록 눈높이까지 들어 올린 채 수술실로 들어가죠. 이때 벽이나 문에 손이 닿는 바람에 다시 가서 씻어야 했던 적이 한두, 서너, 대여섯 (이하 생략) 번이 아닙니다.

얼마 전에 외과의 친구와 술을 마셨습니다. 선술집 주인이 "아직 테이블을 안 닦았어요"라고 하니, 그 친구가 흠칫 놀라

테이블을 만지던 두 손을 눈높이까지 들어 올리더군요. 직업병이구나 싶었습니다.

이야기가 삼천포로 빠졌는데, 어쨌든 의사들이 수술을 할 때는 세밀하고 엄격한 세정을 거칩니다. 하지만 그렇게 열심히 닦는다고 해도 손에 있는 세균이 완벽하게 사라지는 것은 아닙니다. 그저 양이 줄어들 뿐이죠.

평소에 손을 씻거나 세탁을 할 때도 마찬가지입니다. 때가 모두 빠진 듯 보여도, 실제로는 세균들이 적게나마 팔팔하게 살아 있지요. 그렇게 생각하면 '씻는다'는 행위는 결국 때나 세균을 엷어지게 하거나 약화시키는 것에 지나지 않습니다.

하지만 일상생활에서는 엷어지게 하는 것만으로도 충분합니다. 어떤 균이든 수가 줄어들면 감염 위험 또한 눈에 띄게 낮아지니까요. 손에 있는 잡균을 완벽하게 소독하고 싶다며 손바닥에 살균제를 마구 뿌리면 어떻게 될까요? 곧 만신창이가 될 겁니다.

기분에 따라 달라진다

단지 당신의 기분이 좋지 않은 상황이라 주위 사람들이 하는 말이 악담처럼 느껴질 수도 있습니다. 어떤 사람이 당신에게 악담을 했다고 느껴질 때는 혹시 나의 기분 탓은 아닌지 냉정히 살펴봐야 합니다.

예전에 한 연구진이 이런 실험을 한 적이 있습니다. 그들은 실험 참가자들을 A와 B 그룹으로 나눈 뒤 똑같은 성격 테스트를 받게 했습니다. 그리고 A 그룹에게는 "성격 테스트 결과가 아주 좋았습니다. 어디 하나 흠잡을 데 없이 훌륭한 성품을 지니셨더군요"라고 말했습니다. 반면, B 그룹에게는 "성격 테스트 결과가 아주 형편없었습니다. 흠잡을 데가 수도 없이 많더군요"라고 말했죠.

왜 그랬냐고요? 이유는 간단합니다. A 그룹의 기분을 좋게 만들고, B 그룹의 기분을 나쁘게 만들기 위해서였죠.

그렇게 의도적으로 각 그룹의 성격 테스트 결과를 거짓으로 알려준 연구진은, 다음으로 실험 참가자들에게 익명의 네 인물을 평가한 글을 읽게 했습니다. 글에는 '따뜻하다', '능력이 뛰어나다' 같은 긍정적인 평가도 있었지만, '냉정하다', '능력이 없다' 같은 부정적인 평가 내용도 있었죠.

어떤 결과가 나왔을까요? 기분이 좋은 A 그룹은 인물에 대한 긍정적인 평가를 더 오랫동안 꼼꼼하게 읽었고, 다 읽고 난 후에도 긍정적인 평가를 더욱 잘 기억했습니다. 그리고 A 그룹은 대체로 네 인물을 좋게 평가했습니다.

하지만 B 그룹은 정반대였습니다. 인물에 대한 부정적인 평가를 읽는 데 오랜 시간을 들였고, 부정적인 평가를 더욱 잘 기억했으며, 다 읽고 나서는 "이 사람들 진짜 별로네"라고 판단한 사람이 많았습니다.

내 마음이 머무르는 곳

이 실험에서 알 수 있는 결론은 한 가지입니다. '인간은 저도 모르게 자신의 감정과 일치하는 정보만 받아들이려고 한다.' 이것을 '감정 일치 효과'라고 합니다.

재미삼아 테스트를 한번 해볼까요?

여러분은 회사 옆자리에 앉아 있는 동료를 어떻게 생각하세요? 그 동료를 떠올리면서 다음 문장을 읽은 다음, 어떤 문장이 가장 선명하게 기억나는지 확인해보세요.

그는 밝고 푸근하다.
그는 믿음직스럽다.
그는 배려심이 깊다.
그는 성실하다.
그는 호전적이다.
그는 짓궂은 데가 있다.
그는 약간 경솔하다.
그는 자만심이 강한 편이다.

이 문장 중에서 앞부분에 있는 긍정적인 정보가 더 기억에 남는다면, 지금 여러분의 기분이 좋다는 뜻입니다. 반대로 뒷부분에 있는 부정적인 정보만 기억난다면, 당신의 기분이 별로 좋지 않다는 뜻이죠.

물론, 우리말의 특성상 맨 마지막에 나온 정보가 가장 기억에 오래 남게 마련이니, 부정적인 정보만 기억에 남는다고 해서 너무 속상해하지 마세요.

달라져야 할 사람

물론 이 테스트는 한 가지 사례에 지나지 않습니다. 하지만 우리는 일상생활을 하면서 날마다 이와 같은 상황을 마주하게 됩니다.

'과장님 말을 듣고 있자니 화가 치밀어.'

'여자 친구와 같이 있으면 그녀의 단점만 보여.'

'그 남자가 답장을 안 해서 너무 조바심이 나.'

지금까지는 대수롭지 않게 넘겼는데, 갑자기 마음에 걸리기 시작한 정보. 그 진짜 이유를 파헤쳐보세요. 내 기분이 좋지 않아서인 건 아닐까요?

따라서 그럴 때, 다음처럼 말하며 상대가 달라지길 바라는 건 어불성설입니다.

"과장님, 그런 식으로 말씀하지 마세요!"

"자기야, 그 버릇 좀 고치지 그래?"

"제발 답장 좀 해!"

사람이 타인의 말(특히 화가 섞인 말) 때문에 행동이나 성격을 바꾸는 일은 거의 없습니다. 또 설사 상대가 더 나은 모습으로 달라진다 해도, 내 마음이 불안하고 편치 않으면 또 다른 단점이 보일 게 뻔합니다.

그러니 다른 누구보다 내가 먼저 달라져야 합니다. 그렇다면 어떻게 해야 나를 바꿀 수 있을까요?

오늘은 기분이 별로야

우선은 내 기분이 좋지 않다는 사실을 인지해야 합니다.

주변 사람에게 화풀이하는 사람은, 정작 자신의 기분이 나쁘다는 사실을 모르고 있을 때가 많습니다.

'오늘은 기분이 별로야' 하고 곱씹으면서 기분을 가라앉히려고 노력해보세요. 이렇게만 해도 당신의 마음은 이미 회복을 향해 한 발자국 내디딘 겁니다. 누군가에게 반격을 하고 싶어서 입이 근질근질할 때, 잠깐 생각을 멈추고 내 안을 들여다보는 태도 또한 중요합니다.

나에게 달렸다

이번 이야기를 간단히 정리하면, 다음과 같습니다.

장점이든 단점이든, 상대의 어느 부분이 유독 눈에 띄느냐는 전적으로 내 기분에 달려 있다!

따라서 누군가가 자꾸 신경 쓰이고 그 사람 때문에 짜증이 날 때는 그 대상을 바꾸려 하지 말고, 나의 기분을 안정시키려고 노력해야 합니다. 이것이 바로 슈퍼 메소드, 에브리씽 Everything(It's you)! 일본의 유명 밴드 미스터 칠드런 Mr. Children의 노래 제목이니 기억하기 쉽겠죠?

우리 눈에 비치는 모든 것에는 나의 마음이 투영되어 있다는 걸 기억하길 바랍니다.

조금 옥신각신하더라도
괜찮아

스위치를 누르는 원숭이

스트레스를 너무 심하게 받으면 위궤양이 생깁니다. 상식이라 해도 될 만큼 많이들 알고 있는 사실이죠. 모 은행 직원은 자신이 위궤양에 걸렸다는 사실이 회사에 알려지면 '고작 스트레스 하나도 이겨내지 못하는 사람'으로 낙인찍혀 출셋길이 막힐까 봐 걱정하더군요. 그래서 건강 보험증을 쓰지 않고 비급여로 치료를 받는다고 했습니다.

아아, 스트레스의 이중주.

그런데 스트레스가 정말 몸에 해롭기만 한 걸까요? 미국 워싱턴의 연구진들이 원숭이를 상대로 실험한 결과를 통해 이를 살펴보겠습니다.

실험에 참가한 원숭이는 두 마리. 한 마리는 관리직 원숭이로, 그냥 관리직이라고 하면 재미없으니 '부장'이라고 이름 붙이겠습니다. 나머지 한 마리는 평사원 원숭이. 평사원 원숭이는 '말단'이라고 부르죠.

연구진은 부장과 말단을 우리에 각각 넣었습니다. 그리고 20초마다 한 번씩 램프를 켜 전기 충격을 가했죠. 당연히 원숭이들은 고통스러워했습니다. "아이고, 원숭이 죽네!" 부장과 말단 모두 허둥댔습니다.

부장 "말단, 가서 어떻게든 처리해!"
말단 "저보고 어쩌라고요?"

정말 이런 말이 오갔는지 아닌지 인간인 저로서는 알 길이 없지만, 사실 전류가 흐를 때 두 원숭이 앞에는 스위치 하나가 놓여 있었습니다.

두 원숭이는 시험 삼아 스위치를 눌렀습니다. 그런데 부장이 스위치를 눌렀을 때만 두 원숭이 모두에게 전기 충격이 멈췄습니다. 반면, 말단이 아무리 스위치를 누르고 갖은 노력을 기울여도 전기 충격에는 아무 변화가 없었죠.

그렇다 보니 말단은 자연스럽게 아무것도 하지 않게 되었습니다. 물론 부장은 쉴 틈이 없었죠. 20초마다 한 번씩, 그는 열심히 스위치를 눌렀습니다. 그게 얼마나 힘든 일인지 여러분은 짐작이 가나요?

부장 원숭이의 비극

실험은 6시간 연속으로 전기 충격을 가한 뒤 6시간 동안 휴식, 다시 6시간 연속 전기 충격을 가하는 방식으로 반복되었습니다.

여러분, 5분만이라도 좋으니 20초마다 한 번씩 손뼉을 쳐 보세요. 생각처럼 쉬운 일이 아닙니다. 심지어 부장 원숭이는 20초가 아니라 5~6초 간격으로 스위치를 눌러야 했습니다. 얼마나 죽을상을 하고 있었을지 안 봐도 훤하죠?

결국 부장 원숭이는 실험을 시작한 지 23일 만에 숨을 거두고 말았습니다. 사체를 해부해보니, 위에서 커다란 궤양이 발견되었습니다. 반면 말단의 위에는 궤양이 거의 없었죠.

따라서 이 실험의 결론은, '스트레스는 건강에 해롭다', '부장이 돼서 죽도록 일하느니, 평생 말단으로 빈둥거리며 사는 편이 낫다'일까요? 잠깐만요, 이 스트레스 실험은 여기서 끝이 아니었습니다.

과장 쥐의 역할

실은 일본 조치上智 대학교에서도 똑같은 실험을 했습니다. 대상은 원숭이가 아니라 쥐였죠. 미국에서는 원숭이로 실험했는데 일본에서는 왜 쥐로 한 걸까요? 그 이유가 예산 때문인지는 분명하지 않습니다.

여하튼, 일본에서도 관리직 쥐와 평사원 쥐를 나란히 놓고 똑같이 전기 충격을 가했습니다. 원숭이와 구별하기 위해서 두 쥐에겐 '과장'과 '말단'이라고 이름 붙일게요.

이 실험 역시 과장이 스위치를 누를 때 전류가 멈추게끔 설정했습니다. 말단은 무슨 짓을 해도 소용이 없었죠. 이전 실험과 다른 것이라면 전류가 200초 간격으로 흐른다는 점이었습니다. 즉, 10배 더 여유가 있었던 셈이죠.

그렇게 하루가 지난 다음, 쥐를 해부해봤습니다. 그랬더니 예상 못 한 결과가 나왔습니다. 이번에는 말단보다 과장의 궤양이 더 작았습니다. 어찌된 일일까요?

노동이 지나치지만 않다면 '뭘 해도 안 되는' 말단보다는 '적당히 스트레스를 받는' 과장이 오히려 스트레스를 덜 받았다는 겁니다. 스위치를 누르는 간격을 200초에 다섯 번으로 늘리자 과장의 궤양이 더 커졌다는 것이 그 증거입니다.

쾌감물질 분비량

캐나다 맥길 대학의 피터 밀너Peter Milner 교수 또한 쥐를 대상으로(역시 예산 부족 때문일까요?) 똑같은 실험을 했습니다. 그는 한발 더 나아가, 쥐의 뇌에서 쾌감물질인 노르에피네프린Norepinephrine 분비량을 측정했습니다.

그러자 전기 충격을 잘 피했던 과장 쥐의 뇌에서 더 많은 노르에피네프린이 분비되었습니다. 한마디로 말해 '과장이 더욱 짜릿했다!'는 뜻입니다.

이처럼 적당한 스트레스는 마음을 건강하게 합니다.

적당한 스트레스 즐기기

힘들고 괴로울 때는 '정말 지긋지긋하다. 그만 벗어나고 싶다!' 같은 생각이 절로 듭니다. 하지만 고통 한 점 없는 안락함은 이 세상에 존재하지 않습니다. 설령 존재한다 해도, 그런 곳에 산다면 우리의 뇌에서 노르에피네프린이 전혀 분비되지 않을 겁니다. 마냥 즐거울 수만은 없는 것이죠.

스트레스가 완전히 사라지기를 바라지 마세요. 다만 적당해지길 바라야 합니다. 그러려면 스트레스를 잘게 쪼개는 편이 좋습니다.

쥐의 몸을 타고 흐르는 전류처럼, 다른 사람으로부터 험한 말을 듣는 스트레스를 적당한 횟수로 줄이기 위해 노력하는 겁니다. 전류를 완전히 차단하려고 애쓸 필요는 없습니다. 약간의 전기가 우리의 몸에 남아 찌릿찌릿하다면, '남들도 다 그래' 하면서 느긋하게 생각하세요.

이 책에서 다룬 반격술은 결코 누군가를 쓰러뜨리기 위한 것이 아닙니다.

"찍소리도 못하게 밟아줬어!"
"결국엔 내 말을 듣게 만들었다고!"

단지 이런 소리를 하고 싶어서 몰입하느라 정말 소중한 것을 놓치지 않길 바랍니다.

주위 사람들과 때로는 옥신각신하면서 사이좋게 살아가는 삶. 전 그런 일상이 당신의 인생을 더욱 즐겁고 풍요롭게 해주리라 믿습니다.

지금부터 할 말은 좀 하겠습니다

1판 1쇄 인쇄 2018년 8월 15일
1판 1쇄 발행 2018년 8월 27일

지은이 유키 유
옮긴이 오민혜

발행인 양원석
편집장 김효선
책임편집 박나미
디자인 RHK 디자인팀 마가림, 김미선
일러스트 안다연
해외저작권 황지현
제작 문태일
영업마케팅 최창규, 김용환, 정주호, 양정길, 이은혜, 신우섭,
　　　　　유가형, 임도진, 우정아, 김양석, 정문희, 김유정

펴낸 곳 ㈜알에이치코리아
주소 서울시 금천구 가산디지털2로 53, 20층 (가산동, 한라시그마밸리)
편집문의 02-6443-8865　　**구입문의** 02-6443-8838
홈페이지 http://rhk.co.kr
등록 2004년 1월 15일 제2-3726호

ISBN 978-89-255-6443-2 (03320)